EBS 지식채널 ⓔ × 우주에게, 우주로부터

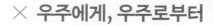

EBS 지식채널 ⓔ

✕ 우주에게, 우주로부터

지식채널 ⓔ 제작팀 지음

EBS
BOOKS

New Space Odyssey

Secret of
the Universe

우주에게,
인간으로부터

서른한 살 우주망원경 허블이
제임스에게 띄우는 편지

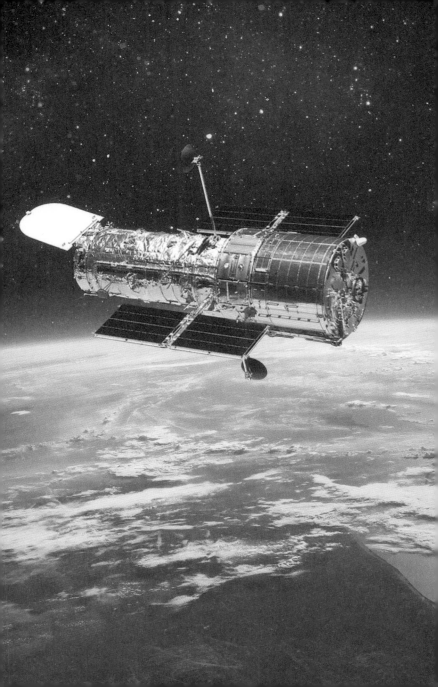

우주로 간 망원경

"정말 기대가 컸습니다. 어떤 놀-라운 사실이 밝혀질지 궁금했죠."

—스티븐 호킹Stephen William Hawking

1990년 4월 24일, 과학자들의 기대를 한 몸에 받으며
발사된 디스커버리호에 실린 허블 우주망원경. 대형버스만 한
크기의 이 망원경은 지금까지 150만 장의 천체 사진을
지구로 보내왔다.

허블 우주망원경이 발명되기 이전 과학자들은 망원경 때문에
골치를 앓았다. 온갖 빛들의 방해를 받는 데다 구름이 끼면

관측이 힘든, 지상의 천체 망원경이 지닌 문제점을
해결해야 했기 때문이다. 그러던 중 1940년대, 천체물리학자
라이먼 스피처 Lyman Spitzer가 이런 제안을 한다.
"아예 우주에 설치하는 게 어떨까요?"

하지만 당시는 대기권 밖으로 나갈 안정적인 비행체도
없던 시절. 그로부터 무려 40여 년이 지나서야
비로소 지상 610킬로미터 상공 우주 궤도에
허블 우주망원경이 올려진다.

'지구 대기의 방해를 받지 않은 채 먼 우주를 고해상도로
촬영하여 지구에 전송하라!' 허블 망원경은 이 미션을
달성하기 위해 드디어 우주로 향한다. 하지만 몇 주 후,
예정대로 전송된 첫 사진은 기대와 너무 다른
흐릿한 풍경뿐이었다.

"반사경에 심각한 문제가 있어요!"
반사경을 만들기 위해 유리를 깎을 때 발생한 1.3밀리미터의
오차 때문에 초점이 맞지 않는 치명적 오류가 생긴 것이다.
우주왕복선 인데버호의 우주비행사들이 10일 동안

궤도에 머물며 수리를 마친 후 허블은 다시 가동되었고
그들은 사진을 보내왔다.

지구에서 2,100광년 떨어져 있으며 별의 죽음으로 생성된
'나비 성운', 약 6,500광년 떨어진 독수리 성운의
'창조의 기둥', 수소가스와 먼지가 만든 거대한 구름 안에서
태어나는 별들···. 미국항공우주국NASA, National Aeronautics and Space
Administration과 유럽우주기관ESA, European Space Agency은 허블이
촬영한 사진 중에서 매해 최고의 사진 한 장씩을 선정해왔다.
이 사진들을 통해 인류는 더 먼 우주를 이미지로 볼 수
있었다.

우주는 지구에서 바라보면 '아무것도 없는 빈 공간' 같기만
했다. 하지만 허블이 관찰해서 찍은 사진들 속의 수많은
점들은 놀랍게도 독자적인 개별 은하로 판명되었다.
인류가 볼 수 있는 가장 먼 우주를 담아낸 사진 '허블 딥 필드'.
이는 약 130억 광년 떨어진 은하와 약 137억 년 전
우주 초기 은하의 생성 과정을 이해하는 중요한 단서가
되었다.

그뿐 아니다. 죽음을 맞이할 때 엄청난 빛을 뿜어내는
'초신성' 현상을 관찰할 수 있었다. 우리은하와 멀수록 더
빠른 속도로 멀어지는 초신성들. 이는 우주의 팽창 속도가
점점 빨라진다는 증거이기도 하다.
이처럼 허블 망원경은 우주에서 오랜 시간 생애를 보냈다.
그 시간만큼이나 많은 업적을 남기며 우주에 대한
우리의 이해에 새로운 지평을 열어주었다.

**"허블 망원경이 보내온 관측 자료들은 우주에 대한 인류의 이해를
혁명적으로 바꿨다."**

—NASA, 허블 25주년 기념사

제임스에게, 허블로부터

To. 친애하는 제임스

우주에서 가장 중요한 것은 시간이라네. 137억 년 전 우주에서
무슨 일이 있었는지 궁금하지 않나? 자네는 꼭 그 시간을
거슬러 올라갈 수 있으리라 믿네.

'실패작!' 1990년, 내가 처음 지구 밖으로 나왔을 때 모두가 나를
그렇게 불렀다네. 그때 내가 지구에 보낸 것은 지구에서 찍은 것과
다를 바 없는, 뿌옇고 흐린 사진뿐이었거든.

1993년 11월 27일 광시야 모드에서 허블 우주망원경이 찍은 은하 사진

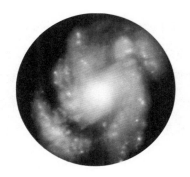

거울에 생긴 머리카락 두께의 50분의 1쯤 되는 미세한 차이가
내 발목을 잡았네. 결국 3년간 정비를 받은 후에야 임무를 시작할 수
있었지. 31년간 우주의 경이로운 순간을 담아왔지만, 내가 가장
기다려온 순간은 지구에서 다음 망원경을 보내는 날이라네.

이 우주에는 내 낡은 눈으로는 담을 수 없는 것들이 많이 남아
있지. (허블의 주 거울 지름은 2.4미터, 제임스의 주 거울 지름은 6.5미터)
우주의 시작을 이해할 수 있는 열쇠를 부디 자네가 찾길 바라네.

From 허블

To. 존경하는 허블

1996년, 나는 태어나면서부터 당신의 이름을 들어왔습니다.
당신의 존재가 내가 갈 길을 비추는 거울이라고요. 망원경에서
가장 중요한 부품이 거울이라는 것은 당신이 가장 잘 아시겠죠.
당신과 같은 실수를 범하지 않기 위해 지구의 사람들은
신중을 기하고 있습니다.

육각형 모양의 거울 18개가 150만 킬로미터를 무사히 비행하고
137억 년 전 빅뱅 당시의 빛을 포착할 준비를 마치기까지, 25년간
실험에 쓰인 비용만 해도 지구에서 달까지 열두 번 여행할 수 있는
금액이라지요. 인류의 단일 천문학 프로젝트 중 가장 많은 돈과
시간을 들였다더군요.(제임스웹 망원경 개발 총비용 약 100억 달러)

지구 저궤도에 위치한 당신에게는 우주비행사를 보내 정비할 수
있는 가능성이 있었어요. 하지만 제가 위치할 곳은 지구에서
150만 킬로미터나 떨어진 태양-지구 라그랑주 L2지점(태양과 지구의
중력, 그리고 위성의 원심력이 상쇄되는 지점)이에요.
인간이 찾아올 수 없는 먼 곳이기에 저에게는 한 치의 실수도
용납되지 않습니다.

인류가 이토록 간절히 목격하기를 원하는 137억 년 전 머나먼 우주의 탄생. 초속 30만 킬로미터로 퍼져나가 여전히 지구에 도착하지 못한 태초의 빛. 저는 그 빛을 담기 위해 시간을 거슬러 갑니다.

만일 제가 성공한다면 당신은 31년간 지켜온 자리를 내놓게 되겠지요. 당신이 안녕을 고할 시간이 충분하기를 바랍니다.

From 제임스

To. 친애하는 제임스

지난 31년간 내가 스스로 할 수 있었던 일은 95분마다 한 바퀴씩 묵묵히 지구를 도는 것뿐이었어. 2009년 내가 지구를 10만 바퀴쯤 돌았을 때 우주비행사들이 나에게 도킹 장치를 달았다네.

만일 자네가 성공한다면 나에게는 마지막 임무가 주어지겠지. 쓸모를 다한 수많은 인공위성들이 그랬던 것처럼. 포인트 니모(남태평양에 위치한 모든 대륙에서 가장 멀리 떨어져 있는

가장 고립된 바다 한가운데로, 인공위성들의 공동묘지라 불림)에 무사히
도착하는 것.

누구도 다치게 하지 않으며 조용히 사라지는 것. 우리가
아무리 우주의 시간을 거슬러 올라간다고 해도 결코 거스를 수 없는
우주의 섭리가 있지. 시간이 지나면 누구나 자신의 자리를 내놓을 줄
알아야 한다는 것.
나는 이제 다음 세대를 간절히 기다리고 있네.

From 허블

허블에서 제임스웹까지,
우주의 비밀을 밝히기 위한 여정

지난 30년 동안 우주에서 활약하며 인류 탐험의 역사를 상징하게 된 허블 우주망원경. 허블이 지구로 보내온 자료는 '우주의 살아 있는 역사책'으로 불린다. 더 깊숙한 우주를 관측한 덕분에 천문학자들이 우주 탄생의 비밀에 한 발 더 다가설 수 있었기 때문이다.

망원경에 붙여진 '허블'이라는 이름은 미국의 천문학자 에드윈 허블Edwin Hubble의 이름을 딴 것이다. 수많은 천문학자 중에서도 허블의 이름을 딴 이유는 인류의 우주관을 뒤바꿔버릴 만큼 큰 업적을 세운 그를 기리기 위해서다. 허블이 활동하던 1920년대 천문학계는 우주가 '정지된 상태'라고 생각했다. 현대에 대표적인 외부은하로 알려진 안드로메다도 당시에는 성운이라고 여겨졌다.

1923년 미국 캘리포니아주 윌슨산천문대. 허블은 구경 2.5미터 후커망원경으로 안드로메다를 관측하던 중 세페이드 변광성(시간의 흐름에 따라 밝기가 변하는 별)을 발견했다. 이를 바탕으로 거리를 측정해본 허블은 약 90만 광년 떨어져 있다는 결론을 내렸는데, 이는 우리은하의 크기와 비교했을 때 너무나 먼 거리였다. 이 사실은 곧 안드로메다가 성운이 아닌 외부은하라는 결론으로 이어졌다.

외부은하의 존재를 밝힌 허블은 일약 천문학계의 스타가 됐다. 이후에도 연구를 멈추지 않은 그는 1929년 은하가 일정한 속도로 서로 멀어지고 있다는 증거를 찾아냈다. 실제로는 은하가 스스로 멀어지는 것이 아님을 밝힌 것이다. 허블은 우주가 팽창하고 있어서 은하가 달아나는 것처럼 관측되고, 멀리 있는 은하일수록 적색이동이 심하다는 사실을 확인했다. 그 결과 우주는 팽창하며 멀리 있을수록 더 빨리 팽창한다는 '팽창 우주론'을 주장하게 된다.

허블의 대발견은 천문학자뿐 아니라 수많은 과학자의 연구에 큰 도움을 주었다. 과학자들은 빅뱅 이후 생성된 은하가 지구인이 관측할 수 있는 우주에만 약 1,700억 개가 존재한다는 것을 밝혀냈다. 또 그것들이 점점 느려지거나 일정한 속도로 멀어지는 게 아니라, 암흑 에너지라는 정체 모를 힘에 떠밀려 가속 팽창하고 있다는 사실도 확인했다. 이런 허블의 업적을 기리기 위해 우주망원경에 허블의 이름을 붙인 것이다.

허블의 후발주자로 약 100억 달러 프로젝트에 의해 완성된 제임스웹 우주망원경은 NASA의 제2대 국장인 제임스 E. 웹의 이름을 따서 지어졌다. 제임스웹 우주망원경의 적외선 광선은 별과 은하의 첫 탄생 시기를 관측할 수 있을 것으로 기대된다. 또한 허블 망원경이 지구 상공 550킬로미터의 궤도를 따르는 데 그치는 반면 제임스웹 망원경은 상공 150만 킬로미터까지 상회한다. 이런 역량 덕분에 태양을 중심으로 돌면서 화성, 혜성, 소행성들과 외행성들을 관찰하며 행성과 태양계의 형성에 관한 더 다양한 지식을 선사할 것이다.

제임스웹은 NASA가 '137억 년 전 암흑에서 탄생한 최초의 우주를 관측할 가장 강력한 타임머신'이라고 평할 정도로 놀라운 혁신의 결과물이다. 하지만 이 우주망원경 프로젝트에는 천문학적인 비용이 투입되었다. 이후 천문학자들은 비용이 저렴하면서 관측 성능도 탁월한 천체 망원경의 대안을 찾기 시작했고, 성층권에서 그 해법을 찾았다.

캐나다, 영국, 미국의 천문학자들은 NASA와 캐나다우주국의 지원 아래 성층권망원경을 개발하는 중이다. 이는 관측장비를 실은 위성체를 로켓으로 쏘아 올리는 우주망원경과 달리, 대형 헬륨 풍선에 관측장비를 싣고 하늘로 띄워 올리는 방식이다. '슈퍼빗 SuperBIT'이라 불리는 이 망원경에 책정된 예산은 500만 달러(약 60억 원)에 불과하다. 이 풍선은 임무가 끝나면 터지고 망원경은 낙하산을 타고 지상으로 내려와 다음 임무를 위해 업그레이드된다. 우주를 더 멀리, 더 깊은 심연까지 탐험하고자 하는 인류의 꿈을 실은 망원경의 도전은 앞으로도 계속될 것이다.

참고 자료

앤드루 코헨·브라이언 콕스, 『경이로운 우주』, 박병철 옮김, 해나무, 2019년 ┃ 「Happy Birthday 허블 우주망원경 (4) "허블의 은퇴와 후임자"」, 《더 사이언스플러스》, 2020년 4월 25일 ┃ 「허블 우주망원경, 30년의 대기록」, 《동아사이언스》, 2020년 5월 9일 ┃ 「제임스웹 우주망원경」, 《BBC사이언스 과학사전》, 2021년 7월 3일 ┃ 「허블 우주망원경 뺨치는 풍선망원경이 뜬다」, 《한겨레신문》, 2021년 8월 11일

우리가 몰랐던
우주 행성의 비밀

————— 1 3 4 3 4 0   P l u t o —————

그의 이름은 134340 Pluto

"우주선이 정상적으로 비행하고 있습니다.
명왕성의 데이터를 수집했고, 이제 명왕성을 떠나고
있습니다."

NASA가 지구에서 56억 킬로미터 떨어진 명왕성으로 보낸
탐사선 뉴호라이즌호와의 첫 교신 내용이다. 뉴호라이즌호는
명왕성에서 12,500킬로미터 떨어진 궤도에 접근했다. 2006년
1월 19일 출발해서 명왕성에 도착하기까지
무려 9년 6개월이 걸렸다.

명왕성은 1930년 미국의 천문학자
클라이드 톰보Clyde Tombaugh에 의해 발견되었다. 태양계의
아홉 번째 행성에 대한 기대는 한껏 부풀었다. 명왕성 발견 후
로웰천문대는 이름을 공모하는 행사를 열었고,
그곳에 도착한 편지는 1,000여 통에 이르렀다.

"플루토Pluto라고 부르면 어때요?"
명왕성은 당시 열한 살 영국 소녀 베네티아 버니가 제안한
'플루토'로 명명되었다. 이는 로마신화 속 저승의 신이고,
일본에서는 염라대왕을 의미한다. 소녀는 명왕성이
태양에서 가장 멀고 가장 어두운 곳에 있다는 것에 착안해서
이름을 지었다.

이로부터 76년 뒤인 2006년 8월 24일, 뉴호라이즌호가
화성궤도를 지나 목성을 향하던 중 돌연 명왕성은 행성의
지위를 박탈당한다. 그 이유는 명왕성은 국제천문연맹 IAU,
International Astronomical Union이 새롭게 정의한 '행성의 정의'에
맞지 않기 때문이었다.

"행성이란 태양계의 천체로 태양의 중심을 공전하고
자신의 중력으로 구형에 가까운 형태를 유지할 만큼의
충분한 질량을 가지며, 자기 궤도 근처의 이웃 천체들을 흡수한다."
—2006년 26차 국제천문연맹 결의 행성 기준

'자기 궤도 근처의 이웃 천체들을 흡수한다.' 명왕성은 바로
이 조항을 만족시키지 못했다. 태양계 8개 행성의 주변과
달리 명왕성의 주변에는 수많은 얼음덩어리 천체들이 있다.
같은 이유로 화성과 목성 사이의 세레스와 2005년 발견된
에리스도 왜소행성Dwarf Planet으로 분류되었다.

그리스 신화 속 분쟁의 여신에서 이름을 따온 에리스를
발견한 것은 마이클 브라운Michael E. Brown 교수다. 그에
따르면 에리스가 명왕성보다 더 크다(명왕성 2,302~2,372킬로미터,
에리스 2,326±12킬로미터). 그는 에리스를 태양계의 열 번째
행성이라고 주장했다. 이를 계기로 국제천문연맹은 2006년
행성의 재정의를 결의한다. 그 결과 천문학자 424명이
참여한 투표에서 90퍼센트 이상의 찬성으로 에리스는 물론
에리스보다 작은 명왕성 역시 행성의 지위를 박탈당했다.

태양계 막내 행성이었던 명왕성의 이름은 이제
왜소행성 '134340 플루토'가 되었다.

오, 나의 비너스

새벽녘 동쪽 하늘에 떠오르면 '샛별', 개들이 밥을 기다리는
이른 저녁 서쪽 하늘에 떠오르면 '개밥바라기별'이라 불린
행성. 금성Venus은 지구에서 태양과 달 다음으로 가장 밝게
보이는 천체로, 행성 중 유일하게 여신의 이름을 갖고 있다.
크기와 질량, 밀도까지 지구와 비슷한 쌍둥이 행성인 금성은
아름다워 보이지만 실상은 거친 행성이다.

"저 아름다운 별에서는 무슨 일이 일어나고 있을까?"
"분명 미지의 생명체들이 살고 있을 거야."
우주를 향한 인류의 첫걸음이 시작된 1960년대,

우주탐사선들은 기대를 안고 금성으로 향했다. 그러나 현실은 기대와 사뭇 달랐다. 금성은 평균 표면 온도가 460도 이상인 태양계에서 지표면이 가장 뜨거운 행성이다. 게다가 지구의 90배에 달한 대기압 때문에, 금성의 극한 환경에서 지구의 탐사선이 가장 오래 버틴 시간은 127분.

"이 행성에서는 생명체가 살 수 없다."
"이곳은 불지옥이다."
그렇게 얻게 된 아름답지 못한 별명 '지구의 사악한 쌍둥이'.
하지만 금성이 처음부터 죽음의 행성이었던 것은 아니다.
온화한 기온과 날씨, 풍부한 물이 있는 지구와 비슷한
환경으로 생명체가 존재했을 가능성도 배제하기 어렵다.

**"컴퓨터 시뮬레이션 결과, 지구에 생명체가 등장하기 시작한
약 30억 년 전 금성에는 깊이 2,000미터에 이르는 거대한
바다가 존재했다. 그리고 구름이 끼거나 비가 내리기도 하는
온화한 환경이었던 것으로 추정된다."**

― 마이클 웨이(NASA 고더드 우주비행센터 박사)

"생명체가 살았는지 아닌지는 분명히 말할 수 없지만
금성의 과거가 지구와 유사했던 것은 분명한 사실이다."

— 사토 다케히코(일본우주항공연구개발기구JAXA, Japan Aerospace eXploration Agency 교수)

지구와 금성, 서로 닮아 있던 쌍둥이 행성의 운명은
왜 이토록 달라졌을까?
지구의 자전주기는 하루, 금성의 자전주기는 243일이다.
느리게 자전하며 같은 부분이 오랫동안 태양 에너지에
노출되는 금성은 표면 온도가 상승하면서 바다가 증발한다.
증발된 수증기는 태양 자외선에 의해서 수소와 산소로
분해되는데, 가벼운 수소는 금성에서 탈출하고 결국
이산화탄소가 금성 대기의 주성분이 된다. 이산화탄소로
이루어진 금성의 두꺼운 대기층은 온실효과를 일으켜
생명체가 살 수 없는 환경으로 변했을 것이라는 추측을
할 수 있다.

지구는 산업화 이후 매년 대기 중 이산화탄소 농도가
급증하고 있다. 『2050 거주불능 지구』에 의하면 2050년에
기후난민은 최대 10억 명, 전 세계 인구 중 255,000명이
폭염으로 사망하고 50억 명 이상이 물 부족 위기를 겪게 될

것으로 전망된다.

"지구온난화 수준이 돌이킬 수 없는 티핑 포인트에 근접했다.
금성처럼 기온이 치솟게 되는 것은 물론이거니와
매일 황사비가 내리는 지구를 맞이하게 될 것이다."
—스티븐 호킹

그런데 2020년 금성의 대기 구름에서 발견된 포스핀Phosphine,
PH3은 지구에서 미생물의 생명활동으로 만들어지는
화합물과 성분이 같다. 이로써 금성의 대기 중에도 생명체가
존재할 가능성이 제기되었다. 생명체의 흔적과 기후변화
문제의 해답을 찾기 위해 다시 시작된 인류의 금성 탐사.
아름답지만 사악한 비너스에게서 인류는 새로운 답을 얻을
수 있을까?

지구온난화 수준이
돌이킬 수 없는
티핑 포인트에
근접했다.
금성처럼 기온이
치솟게 되는 것은
물론이거니와
매일 황사비가 내리는
지구를 맞이하게
될 것이다.

은하 저편의 세계로
아홉 번째 행성을 찾아 떠나다

수성, 금성, 지구, 화성, 목성, 토성, 천왕성, 해왕성 그리고 명왕성. 태양계에는 태양을 중심으로 움직이는 행성들이 존재한다. 캄캄한 우주공간에서 쉼 없이 태양을 도는 지구의 형제들인 이들은 물리적 특성에 따라 지구형 행성과 목성형 행성으로 분류된다. 전자는 암석형 행성으로 수성, 금성, 지구, 화성이 속한다. 후자는 가스형 행성으로 목성, 토성, 천왕성, 해왕성이 속한다. 또한 지구를 기준으로 궤도가 안쪽이면 내행성, 바깥쪽이면 외행성이라 부르기도 한다.

이들 중 가장 늦게 발견된 행성이자 가장 멀리 있는 행성은 명왕성이다. 명왕성을 발견한 클라이드 톰보 교수는 열정적인 천체 마니아였다. 대학 진학도 포기한 채 직접 만든 망원경으로 천체를 관찰하던 그는 로웰천문대 연구원으로 취직했고, 이듬해에 명왕성을 발견했다. 그 공로로 영국 왕립천문학회 메달까지 받았다. 그 후 캔자스대학에 진학했고, 뉴멕시코대학 교수로 은퇴한 뒤 1980년 국제 우주 명예의 전당에 이름을 올렸다.

하지만 그가 세상을 떠나고 3년이 지난 후 NASA의 명왕성 무인 탐사선 뉴호라이즌호 프로젝트는 태양계 아홉 번째 행성이라는 명왕성의 지위를 박탈했다. 이후 태양계를 구성하는 행성은 8개로 수정되었다. 그럼에도 태양에서 멀리 떨어진 그곳에는 아홉 번째 행성인 '플래닛 나인'이 공전하고 있을 것이라는 추측이 여전히 존재한다.

천문학자들은 아홉 번째 행성이 중력을 행사해서 태양계 가장자리 천체의 궤도가 특이한 것일지도 모른다는 추측을 제기했다. 물론 이에 반론을 제기하는 이들도 있다. 아홉 번째 행성의 존재 없이도 얼마든지 궤도를 설명할 수 있으며, 현재까지 누구도 이를 발견하지 못했기 때문이다.

그러던 중 일부 천문학자들이 새로운 가설을 내세웠다. 아홉 번째 행성이 실은 행성이 아니라 빅뱅 초기에 만들어진 초미니 블랙홀인 '원시 블랙홀'이라는 것이다. 이는 스티븐 호킹 박사의 이론적 예측 중 하나인데, 원시 블랙홀이기 때문에 크기가 볼링공 하나 정도라서 관측이 불가능한 것이라고 설명한다.

하지만 2020년 하버드대학의 과학자들이 《천체물리학 저널 회보Astrophysical Journal Letters》에 초미니 블랙홀을 관측할 방법이 있다는 연구 결과를 발표했다. 그들은 태양계 외곽에 존재하는 얼음 천체의 모임인 '오르트 구름Oort Cloud'을 주목했다. 연구팀은

이 얼음 천체가 블랙홀의 중력에 잡혀 흡수되는 시나리오를 가정했다. 만약 그렇게 되면 블랙홀 주변에 강착원반과 제트가 형성되면서 에너지가 방출되는 플레어 현상이 일어난다.

이 연구팀은 차세대 망원경인 LSST Legacy Survey of Space and Time로 플레어를 검출할 수 있다고 주장했다. LSST 프로젝트의 핵심 시스템은 역사상 가장 높은 해상도인 32억 화소 이미지 센서의 초고해상도 카메라다. 만약 아홉 번째 행성이 실제로 존재한다면 LSST 데이터를 통해 밝혀질 가능성이 높다.

과학자들의 무한한 상상력과 우주에 대한 경외감은 새로운 시나리오를 끊임없이 만들어내고 있다. 인류의 본격적인 우주 시대도 이들의 탐험이 계속되었기에 가능할 수 있었으리라.

참고 자료

「'구식' 기술로 역발상⋯ 뜨거운 금성 민낯 밝힌다」, 《경향신문》, 2020년 3월 1일 | 「[이영완의 사이언스카페] 개밥바라기 또는 샛별, 그리고 금성의 한가위」, 《조선일보》, 2020년 9월 22일 | 「죽음의 별 금성, 30억 년 전엔 생명체 있었다?」《조선비즈》, 2016년 10월 20일 | 「인류, 다시 금성으로」, 《동아일보》, 2021년 6월 18일 | 「[사이언스] 태양계에 아직 발견되지 않은 행성이 있다?!」, 《비즈한국》, 2020년 12월 21일 | 데이비드 월러스 웰즈, 『2050 거주불능 지구』, 김재경 옮김, 추수밭, 2020 | 닐 디그래스 타이슨, 『명왕성 연대기』, 김유제 옮김, 사이언스북스, 2019 | 마이크 브라운, 『나는 어쩌다 명왕성을 죽였나』, 지웅배 옮김, 롤러코스터, 2021년

카이퍼 벨트와 태양계 외부 평면. 간혹 오르트 구름과 카이퍼 벨트가 혼동되는 일이 있지만
태양계 외곽을 둘러싼 얼음 천체의 모임인 오르트 구름의 존재는 아직은 가설에 불과하다.

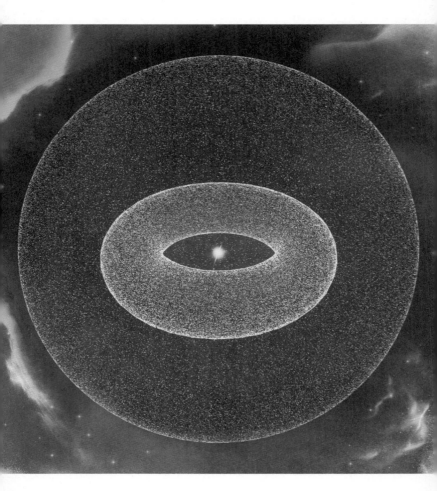

우주로 향하기 전
알아야 할
지구의 비밀들

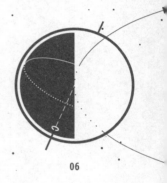

06

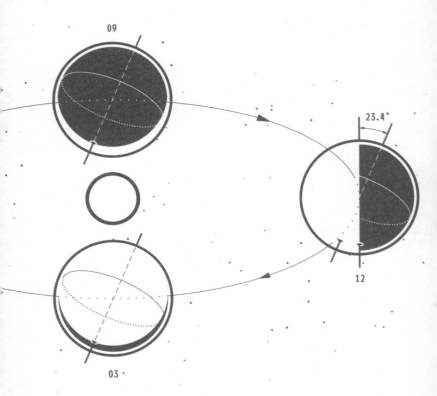

지구가 도는 속도

태양을 돌고 우리은하를 도는 지구. 지구는 과연 어느 정도의
속도로 돌고 있을까? 사실 지구만 도는 게 아니다. 77억 명의
사람들도 지구 안에서 돌고 있다. 하지만 내가 움직이지
않으면 가만히 멈춰 있는 것만 같다. 혹시 지구가 도는
속도가 느려서일까?

지구의 자전 속도는 정확히 **23.934시간**

적도 부근 지구의 둘레는 약 **40,070킬로미터**

거리÷시간=속도

40,070km÷23.934h=1,674.1873…km/h

지구 적도에서의 자전 속도는 시속 약 1,674킬로미터로,
이는 서울에서 부산까지 직선거리를 약 11분 만에 주파하는
속도다(단 위도에 따라 속도가 다르다). 우리가 생각하는 것보다
지구는 훨씬 빠르게 자전한다. 과연 태양 주위를 도는
공전 속도도 이만큼 빠를까?

1년간 지구가 태양을 도는 거리는 약 9억 4,000만 킬로미터.
지구의 실제 공전주기인 365.25일로 나눠 하루 이동 거리를
구하고, 이를 24시간으로 나눠 시간당 속도를 구하면,
지구의 공전 속도는 시속 약 107,233킬로미터. 보통 시속
900킬로미터로 비행하는 항공기보다 119배가량 빠르다.

거기에 태양이 우리은하를 도는 속도는 시속
약 792,000킬로미터. 자전, 태양 공전, 은하 내 공전 그리고
더 큰 규모의 움직임까지, 지구가 우주에서 움직이고 있는
속도는 시속 약 133만 킬로미터다. 이는 KTX의 최고 시속
305킬로미터보다 약 4,400배나 빠르다.

이처럼 지구도 우리도 함께 쉴 새 없이 돌고 있다. 그런데
왜 이 속도를 느끼지 못할까? 빠른 속도로 자전하는 지구를

둘러싸고 있는 대기도 같이 움직이기 때문이다. 혼자 돌면 속도를 느낄 수 있지만 보조를 맞추며 같이 돌기에 속도가 느껴지지 않는 것이다. 기차를 타고 갈 때 창밖이 보이지 않고 덜컹거리지 않는다면 얼마나 빠른지 실감하지 못하는 것과 같다. 이처럼 인간은 45억 년 동안 계속된 지구의 운동과 조화를 이루며 살고 있다.

**"공전과 자전은, 지구는 물론 우주 안에 있는
모든 물질의 일반적인 모습이다."**

—스마다르 나오즈(UCLA 천체물리학자)

지구는 얼마나 무거울까?

1744년, 스코틀랜드 시할리온산.
천문학자 네빌 매스켈라인Nevil Maskelyne이 이끌고
지질학자 찰스 허턴Charles Hutton이 참여한 영국 왕립학회
원정대에 주어진 특별한 임무가 있었다.

"거대한 저울 없이 어떻게 지구의 질량을 잴 것인가?"
고대 그리스의 에라토스테네스Eratosthenes가 지구의 크기를
알아냈지만 지구의 질량은 여전히 가늠조차 어려웠다.
그래서 1722년 영국 왕립학회의 천문학자, 물리학자,
지질학자 등이 참여한 '지구질량위원회'가 구성되었다.

'모든 물체 사이에는 서로 끌어당기는 힘이 작용한다.'
지구의 중력을 발견한 17세기 최고의 과학자
아이작 뉴턴 Isaac Newton의 이론에 착안한 위원회는 뉴턴의
'추 실험'을 시도했다. 거대한 산 가까이에 추가 매달려 있다고
상상해보자. 지구의 중력과 산의 중력이 추에 영향을 미치기
때문에 추는 산 쪽으로 약간 기울게 된다.

"만약 추가 기울어진 정도와 산의 질량을 측정할 수 있다면
지구의 질량도 계산할 수 있을 것이다."
—『프린키피아 : 자연철학의 수학적 원리』(1687) 중

지구질량위원회는 직접 추에 작용하는 산의 중력을 측정한
결과, 대략적인 산의 질량 값을 적용해 지구의 질량 계산에
성공했다. 하지만 반론이 끊이지 않았다.
"그런 대략적인 계산으로 어떻게 결과를 확신할 수 있는가?"

그 무렵, 세상에서 벗어나 오로지 실험에만 몰두했던
괴짜 과학자 헨리 캐번디시 Henry Cavendish가 지구의 질량 측정을
위한 연구 내용을 발표했다. "지구의 질량을 정확히 측정하기
위해서는 질량을 아는 물체를 가지고 실험해야 한다."

1797년, 지구의 질량을 측정하기 위한 실험이 시도된다.
질량과 중력의 크기를 알고 있는 쇠공을 이용했다.
막대기 양 끝에 두 쌍의 쇠공을 매달고 큰 공과 작은 공이
서로를 끌어당기는 힘을 측정하는 실험이다.

그런데 여기서도 '작은 공의 미세한 움직임을 어떻게 측정할
것인가?'라는 난제에 맞닥뜨린다. 정확한 실험을 위해
외부의 영향을 차단한 채 실험기구를 밀폐된 방에 두고
외부에서 실험기구를 조작할 수 있도록 도르래를 설치했다.
무려 1년에 걸친 정밀한 측정 끝에 쇠공 사이의 중력,
쇠공에 작용하는 지구 중력의 비율로 지구의 질량을
산출해낼 수 있었다.

캐번디시가 계산한 지구의 질량은 약 6×10^{24}킬로그램.
현대 첨단장비로 측정한 값과의 오차는 약 1퍼센트에
불과하다. 캐번디시가 실험에 몰두해 있을 때 이웃 사람들은
그의 집을 가리키며 아이들에게 이렇게 말했다.
"지구의 무게를 다는 곳이야!"

공전과 자전은
지구는 물론
우주 안에 있는
모든 물질의
일반적인
모습이다.

태양계에서 가장 신비로운 행성,
지구의 비밀들

우주보다 먼저 알아야 할 것은 지구라는 행성의 기원과 특성이다. 고대부터 현재까지 지구를 둘러싼 숱한 호기심을 해결해서 답을 구해온 과학자들의 지구 이야기는 언제나 흥미롭다.

지구의 둘레를 가장 근접한 값으로 측정한 사람은 누굴까? 그는 플라톤에 이어 두 번째로 아는 것이 많다는 뜻인 '베타'로 불렸던 수학자이자 천문학자인 에라토스테네스다. 지구가 둥글다는 사실이 널리 알려지기 전 에라토스테네스는 어떻게 지구의 둘레를 쟀을까?

그는 지구의 둘레를 재기 위해서 일단 지구는 완전한 구형이라는 전제하에 세 가지 가정을 한다. 첫째, 태양의 빛은 지구로 평행하게 도달한다. 둘째, 하나의 직선이 두 가닥의 평행선과 만났을 때 엇각은 어느 평행선에서나 같다. 셋째, 어떤 원이든 중심각이 같은 원호는 모두 그 원과의 비가 항상 같다.

에라토스테네스는 하짓날 정오, 알렉산드리아 지면에서 수직으로 막대기를 세우고 지구의 둘레를 측정했다. 동일 경도상에

Eratosthenes Teaching in Alexandria, Bernardo Strozzi, 1635년경, Oil on canvas

있다고 간주한 남쪽으로 925킬로미터 떨어진 아스완에 해시계를 두고, 하짓날 정오에 해시계의 바늘이 만드는 그림자의 각도 차이(7°12′)를 쟀다. 그리고 '7.2도 : 925킬로미터＝360도(원의 각도) : 지구의 둘레'라는 공식을 통해 지구의 둘레가 약 40,233킬로미터라는 것을 알아냈다.

2,200년 전 막대기와 각도기 하나로 알아낸 지구의 둘레. 이는 오늘날 인공위성으로 지구 사진을 촬영하고 슈퍼컴퓨터 등 첨단 장비로 계산한 실제 지구의 평균 둘레인 40,000킬로미터에 거의 근접한 값이다.

지구의 질량과 둘레만큼 인류가 오랫동안 고심한 것은 지구의 나이다. 지구의 나이를 안다는 것은 지구의 변화 과정을 이해할 수 있는 출발점이기에 매우 중요했다. 아리스토텔레스는 "시작도 끝도 없이 영원한 존재인 지구의 나이는 무한이다"라고 말했다. 그러나 다른 생각을 한 이도 있었다. 루크레티우스는 "트로이전쟁 이전의 기록이 거의 없으니 지구의 나이는 아주 짧다"라는 반대 의견을 냈다.

그동안 숱한 연구가 이어졌지만 인류가 지구의 나이를 정확하게 추산한 것은 채 100년이 되지 않았다. 학자들은, 지구는 뜨거운 불덩어리였고 천천히 식어가면서 현재의 상태가 됐다고 가정했다. 그리고 이것을 전제로 지구 내부 온도를 측정해 연대를 가늠했다. 하지만 전제가 틀렸다는 사실을 알게 된 후에는 우라늄 붕괴를 활용해 지구 연대를 측정했다.

물론 그 과정도 순탄치는 않았다. 운석 알갱이에서 납의 양을 측정했지만 매번 그 값이 들쑥날쑥 달라졌다. 하지만 미국 화학자 클레어 패터슨Clair Cameron Patterson은 포기하지 않았다. 무려 6년 동안 실험실 내의 납을 제거하기 위해 노력한 후 청정실을 지었다. 그리고 마침내 운석에 함유된 순수한 납의 양이 얼마인지 알아냈으며, 질량 분석기를 이용해 운석이 언제 형성됐는지 알게 되었다. 1953년 클레어 패터슨은 방사성 연대 측정을 통해 지구의 태동 시기를 '45억 년 전'이라고 발표했다.

지구에 관한 연구는 과학 혁명의 이정표가 되어주고 있다. 다양한 과학 이론이 경합하고 서로 보완하면서 진화를 거듭해나가고 있기 때문이다. 오늘날의 우주를 향한 열망만큼이나 지구에 대한 수수께끼를 풀기 위한 과학자들의 도전 열기도 대단했다. 그들의 무모한 열정이 없었더라면 어찌 됐을까? 우리가 살고 있는 지구는 많은 비밀을 간직한 채 아직도 상당 부분이 미지의 영역으로 남아 있었을지 모른다.

참고 자료

「지구가 얼마나 빠른지 계산해봤습니다」, 《이웃집과학자》, 2019년 1월 8일 | 콜린 스튜어트, 『심심할 때 우주 한 조각』, 허성심 옮김, 생각정거장, 2019년 | 이광식, 『천문학 콘서트』, 더숲, 2018년 | 로버트 P. 크리즈, 『세상에서 가장 아름다운 실험 열 가지』, 김명남 옮김, 지호, 2006년 | 애덤 하트 데이비스, 『슈뢰딩거의 고양이』, 강영옥 옮김, 시그마북스, 2017년 | 마틴 러드윅, 『지구의 깊은 역사』, 김준수 옮김, 동아시아, 2021년

또 다른 지구와 생명체를 향한
끝없는 호기심

I WANT T

제2의 지구는 있을까?

"밤하늘에 보이는 별의 20~50퍼센트 정도가 지구와 크기가 비슷하고 땅이 있는 행성을 보유하고 있을 가능성이 높다."
— 윌리엄 보루키(NASA 박사)

2009년부터 2018년까지 9년 반 동안 케플러 우주망원경은 행성 2,600여 개를 찾아냈다. 2015년에는 지구에서 1,400광년 떨어진 케플러 452b를 발견했다. 태양과 비슷한 항성인 케플러 452를 도는 행성으로, 지구 지름의 약 1.6배이고 공전주기는 385일이다.

가장 중요한 것은 생명체가 살기에 적합한 '골딜록스 존Goldilocks Zone'에 위치한다는 점이다. NASA는 케플러 우주망원경이 발견한 행성 중 10개 이상은 행성 표면에 액체 상태의 물이 존재할 수 있는 골딜록스 존의 지구형 행성이라고 밝혔다. 골딜록스 존이란 동화『골디락스와 세 마리 곰』에서 따온 명칭이다. 소녀가 먹은 적당한 온도의 수프처럼 빛을 내는 항성. 이런 항성으로부터 너무 멀지도 가깝지도 않아서 생명체가 살 수 있는 우주공간을 의미한다. 천문학에서는 적당한 온도가 형성될 수 있는 영역을 '생명체 거주 가능 영역'이라고 부른다.

제2의 지구가 되려면 지구 크기 정도의 암석 형태로 골딜록스 존에 위치하며 물과 대기가 있어야 한다. UC버클리대학 천문학과 교수인 에릭 페티구라는 '우리은하에 태양과 비슷한 항성이 약 500억 개 있고, 그중 100억 개 이상은 골딜록스 존에 지구와 비슷한 행성을 갖고 있을 것'이라고 주장했다.

케플러 452b 행성은 온도, 밀도, 부피 등 물리적인 조건이 지구와 비슷하다. 문제는 거리다. 지구에서 케플러 452b 행성까지는 1,400광년이나 떨어져 있다.
즉, 빛의 속도로 1,400년을 날아가야 한다.

그렇다면 태양계에서 제2의 지구가 될 행성은 없을까?
태양계의 골딜록스 존은 지구와 태양의 거리(1AU)를 기준으로
0.95AU에서 2.4AU까지의 범위에 해당한다. 그런데 태양계의
골딜록스 존에는 단 2개의 행성만이 존재한다. 그것은 바로
지구 그리고 화성이다. 제2의 지구를 찾는 세계의 이목이
화성으로 몰리는 이유다.

"화성은 태양에서 지구보다 1.5배 더 떨어져 있다. 적당한
기온을 가진 화성은 초창기 지구의 모습과 많이 닮았다."
일론 머스크Elon Musk도 지구의 대체재로 화성을 꼽았다.
인간의 화성 이주를 위한 그의 첫 번째 계획인
화성 유인 탐사선 '스타십'은 시험비행 후 다섯 번의
도전 끝에 화성 표면 착륙에 성공했다.

우리는 만날 수 있을까?

'인류는 외계 생명체를 만날 수 있을까?'
지난 60년 동안 과학자들이 끊임없이 답을 찾아온 질문이다.

1960년, 미국 국립전파천문대. 지구에서 가까운 두 별의
관측을 시작한 전파망원경의 미션은 단 한 가지였다. 바로
'외계 생명체가 보낸 신호를 찾아라!'.

빛 중에서 가장 긴 파장을 갖고 있는 '전파'는 다른 영역의
빛들에 비해 먼지나 가스를 만나도 투과력이 높다. 그러므로
외계의 지적 생명체가 먼 거리까지 통신을 시도한다면

전파를 사용할 가능성이 높다. 인류가 전파 기술을 이용해
통신하는 것처럼 외계인들도 전파를 사용할 것이라는 추측을
바탕으로, 외계에서 오는 전자기파를 분석하는
'SETI 프로젝트Search for Extra-Terrestrial Intelligence'가 시작되었다.

1984년 SETI는 NASA 등 국가의 지원을 받는 프로젝트로까지
발전했다. 하지만 수십 년에 걸쳐 외계의 지적 생명체를
탐사해왔으나 우주는 여전히 침묵했고, 1993년 미국 의회는
'쓸데없는 공상에 왜 예산을 낭비하고 있는가?'라며
SETI 지원을 중단했다. 그러나 우리은하에만 스스로 빛을 내는
별이 최소 1,000억 개. "우주에 우리밖에 없다면 엄청난
공간의 낭비다"라는 칼 세이건Carl Sagan의 말은 설득력이 있다.
외계 생명체를 찾기 위한 노력을 멈출 수 없는 이유다.

1995년 컴퓨터과학자인 데이비드 게디는 한 칵테일
파티에서 분산형 컴퓨터 원리를 이용하면 세티앳홈의
컴퓨터 작업 용량의 한계를 극복할 수 있다는 아이디어를
떠올렸다. 전 세계에 흩어진 개인용 컴퓨터를 연결해 일종의
가상 슈퍼컴퓨터를 만드는 것이었다.
참여자가 세티앳홈의 분석 프로그램을 설치하면 컴퓨터를

사용하지 않는 시간 동안 자동으로 자료를 분석하는 분산 컴퓨팅 방식이다. 지금까지 참여한 네티즌은 전 세계 500만 명 이상이다. 초당 25조 번의 연산으로 최고 슈퍼컴퓨터의 두 배 수준의 능력을 보여주었다. 2020년 3월 31일 그동안 축적된 연구 성과 분석에 집중하기 위해 세티앳홈이 마무리됐다.

"여러분의 노력은 앞으로 외계 신호를 찾으려면
어디를 봐야 할지, 또 어떤 주파수를 추적해야 할지 판단하는
밑거름이 될 것입니다."

— 에릭 코펠라(세티앳홈 책임자)

세티앳홈은 끝났지만 외계인 추적은 계속된다. 러시아 출신 억만장자 유리 밀너는 2015년 "세티 프로젝트에 10년간 1억 달러를 기부하겠다"고 발표했다. 세티앳홈은 이 후원금으로 '브레이크스루 리슨Breakthrough Listen'이라는 새로운 외계 신호 추적 프로젝트를 시작했다.

"이런 탐색의 성공확률을 추정하기란 어렵다.
그러나 우리가 아무것도 하지 않는다면 그 확률은 '0'이다."

— 주세페 코코니&필립 모리슨(세티앳홈 아이디어를 최초로 제시한 물리학자)

'인류는 외계 생명체를
만날 수 있을까?'
지난 60년 동안
과학자들이 끊임없이
답을 찾아온 질문이다.

UFO와 외계인, 우리는 정말 못 만난 걸까?

2021년 6월, 지난 수십 년간 UFO의 존재에 대해 침묵으로 일관해온 미국 정부가 9쪽 분량의 예비 보고서에서 정체불명의 비행체 144건을 검토한 결과를 공개했다. 이 보고서는 이들을 '미확인 항공 현상UAP, unidentified aerial phenomena'으로 지칭하며 어떤 존재인지 설명할 수 없다고 밝혔다. 이는 그동안 존재 자체를 부인하던 입장을 폐기했다는 점에서 의미가 크다. 이 보고서는 그것들의 정체를 무엇으로 추정하고 있을까?

보고서 속 사례는 대부분 새 떼나 기구, 무인 비행체 등의 공중 부유체들이거나 얼음 조각 등의 자연현상이다. 그 외 미국 내 기업이나 단체에서 제작된 비행물 관련 프로그램USG 또는 러시아나 중국 등의 국가가 만든 비밀 장치들로 간주하고 있다. 그런데 주목할 것은 마지막으로 '기타others'를 언급했다는 점이다. 이는 UFO로 분류할 수 있는, 이상한 행동을 하는 비행체를 가리키는 항목이라 할 수 있다.

이후 과학자들도 본격적으로 UFO의 정체를 밝히겠다고 나섰다. 미국 하버드대학 천문학부 에이브러햄 로엡 교수는 UFO를 포함해 외계 기술 문명의 증거를 찾는 '갈릴레오 프로젝트'를 시작했다. 지동설로 인류의 우주관을 바꿔놓은 갈릴레오 갈릴레이Galileo Galilei의 이름을 딴 것이다. 그만큼 혁신성을 갖고 패러다임을 전환할 만한 발견을 하겠다는 포부가 담겨 있다.

UFO를 과학적으로 규명하기 위해 먼저 지구 곳곳의 망원경 시스템 수십 대를 연결한 네트워크를 구축한다. 그런 다음 '오우무아무아Oumuamua'와 같은 성간 천체를 심층 연구해 외계 문명의 위성이 남긴 기술적 증거를 찾을 예정이다. 오우무아무아는 혜성처럼 가스를 방출하지 않고 소행성처럼 포물선 궤도로 비행하지도 않는다. 때문에 천문학자들은 외계 고등 생명체가 태양계를 탐사하기 위해 보낸 UFO일 수 있다는 주장을 펼쳤다.

"신은 없다. 그러나 외계의 지적 생명체들은 존재한다."

스티븐 호킹 박사도 외계인의 존재를 인정했다. 그는 자신의 유고집 『큰 문제에 대한 간략한 대답Brief Answers to the Big Questions』에서 외계인과 시간여행의 가능성을 언급했다. 이미 2010년에도 지능이 높은 외계인들이 우주를 돌아다니며 다른 문명을 약탈하고 그 행성을 식민지화할 가능성이 있다고 경고한 바 있다. 그는 SETI에 이어 새로운 외계인 찾기 프로젝트인 '브레이크스루 리슨'에도 참여했다.

호킹 박사는 "외계 문명이 인류보다 수십억 년 앞선 기술을 보

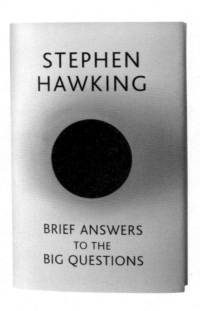

신은 없다.
그러나 외계의
지적 생명체들은
존재한다.

유하고 있을 수 있으며, 이들은 너무 강력해서 인류를 박테리아보다 못한 존재로 볼 수 있다"고도 경고했다. 그럼에도 외계인을 찾는 노력은 매우 중요하며 인류는 탐험하고 배우며 알아야 할 필요가 있다고 강조했다. 호킹 박사에 따르면, 외계인의 존재를 찾아가는 과정은 '우리가 우주 속에서 혼자인지 아닌지를 발견하는 것'이다.

반면 일부 천문학자들은 외계인의 존재를 부정하고 있다. 실은 1900년 무렵부터 우주로 라디오와 TV 전파를 쏘아 보내고 있다. 만약 외계 생명체가 있고 그들에게 지구까지 올 수 있는 기술이 있다면 그들은 이미 지구인의 존재를 파악했을 것이라는 주장이다. 또한 지구까지 올 수 있는 선진화된 문명을 갖고 있다면 굳이 지구에 와서 약탈할 이유가 없다는 논리로 연결된다.

하지만 우리은하에 지구와 비슷한 행성이 수없이 많이 존재한다는 연구 결과를 고려한다면, 인류보다 앞선 기술 문명이 존재할 가능성을 더는 무시할 수 없다. 머지않은 미래에 어떤 일이 일어날지는 아무도 모른다. 외계 기술 문명의 발견이 과학과 인류의 문명에 엄청난 영향을 미칠지도.

참고 자료

「"외계 생명체의 신호 잡아라!" 500만 명이 컴퓨터 내주고 IT갑부들은 지갑을 열었다」, 《조선일보》, 2019년 10월 5일 | 「과학자 UFO 찾아 나선다… 미 하버드대 교수 '갈릴레오 프로젝트' 발표」, 《동아사이언스》, 2021년 7월 27일 | 「[사이언스 카페] 아듀 세티앳홈, 20년 외계인 추적 종료」, 《조선일보》, 2020년 3월 25일 | 「외계문명설 주창 과학자들 UFO 규명 '갈릴레오 프로젝트' 착수」, 《연합뉴스》, 2021년 7월 27일

Space
Odyssey

뉴 스페이스 시대,
우주를 향한 도전

화성은 제2의 지구가
될 수 있을까?

화성을 제2의 지구로 테라포밍

'화성에 정착할 지구인을 찾습니다.'

— 마스원 프로젝트, 2015년

"화성에 100만 명을 이주시킬 예정입니다."

— 일론 머스크, 2016년

2020년 7월 20일 아랍에미리트 아말호, 2020년 7월 23일
중국 텐원 1호, 2020년 7월 30일 미국 마스 2020. 화성에
사람이 살 수 있게 하겠다는 원대한 포부를 실현하기 위해
제2의 지구를 찾아 떠난 우주선들이다.

화성은 생명체가 살 수 있는 우주공간인 '골딜록스 존'에
위치해 있다. 지구 질량의 약 10분의 1, 바다를 제외한
지구 표면적과 유사하다. 지구와 비슷한 자전 기울기를
갖고 있으며 계절의 변화도 뚜렷하다. 하루는 24시간 37분,
공전주기는 1년 10개월이다.

태양계에서 가장 큰 산인 올림포스 화산, 그랜드캐니언 10배
규모의 마리네리스 협곡, 미국 대륙 크기의 바다 흔적….
이처럼 화성은 소행성 충돌이 있었던 42억 년 전까지는
지구와 비슷한 환경이었을 것으로 추정된다. 하지만 화성의
평균 기온은 영하 63도이고, 대기압은 지구의 1퍼센트
미만이다.

화성 이주를 꿈꾸는 이들이 내놓은 해답은 우주 행성을
지구 생명체가 생존할 수 있는 환경조건으로 바꾸는
테라포밍 Terraforming('지구'를 뜻하는 라틴어 테라와 '형성'을 뜻하는 영어
포밍의 합성어)이다. 즉, 지구가 아닌 다른 행성 및 위성, 기타
천체의 환경을 지구의 대기 및 온도, 생태계와 비슷하게 바꿔
인간이 살 수 있도록 '지구화'하는 작업을 하겠다는 것이다.

Terra
+
forming

사람이 살기 위해서는 대기와 물, 태양풍을 막아주는
자기장과 적당한 온도가 필요하다. 화성의 테라포밍
과정에서 가장 중요한 것은 '온도'다. 화성의 온도를 높이기
위한 아이디어는 다양하다. 일론 머스크는 '극지방에
수소폭탄을 터트려 얼음 속 이산화탄소를 방출하는 방법'을
제시했다.

애리조나주립대학 리겔 워이다Rigel Woida 연구원은
'풍선 300개를 연결한 1.5킬로미터 길이의 우주 거울로
태양 빛을 반사해 표면 온도를 높이는 방법'을 제안했다.
토성의 위성 타이탄에서 다량의 메탄(이산화탄소 20배에 달하는
온실가스)을 공수하자는 의견도 있다.

하지만 지금까지 화성을 관찰한 각종 탐사선의 데이터를
바탕으로 얼마나 많은 이산화탄소가 화성에 있는지 추산한
결과, 테라포밍에는 양이 턱없이 부족한 것으로 나타났다.
죽음의 사막으로 뒤덮인 화성에서 사람이 사는 일,
실현될 수 있을까?

우리는 화성인이 될 수 있을까?

2020년 7월 30일, 플로리다주 케이프커내버럴
공군기지. 미국의 다섯 번째 화성 탐사 로버인
'퍼서비어런스Perseverance'를 실은 '마스 2020'이 화성으로
향했다. 계획대로 7개월가량 우주를 항해한 후
2021년 2월 화성에 도착했다.

마스 2020의 목표는 화성의 지형을 탐사하고 각종 실험을
진행해서 화성의 비밀을 파헤치는 것이다. 이를 위해 자동차
모양의 탐사 로버인 퍼서비어런스가 화성 표면을 돌아다니며
화성의 기후 및 지질 특성을 분석하고,

미생물 흔적 등 표본을 수집한다. 화성을 테라포밍하기 위해 디딤돌 역할을 하는 것이다.

어떻게 화성을 지구처럼 바꿀 수 있을까? 우선 생명체가 살 수 있도록 화성의 온도를 높여야 한다. 이산화탄소가 묻혀 있는 극지방의 표면과 대기 온도를 높여 기온이 6도 올라가면, 얼음이 녹고 드라이아이스 상태의 이산화탄소가 녹아 방출된 온실가스는 대기를 데운다. 그러면 토양에 흡수된 이산화탄소가 흘러나오면서 대기압이 높아진다. 또한 강바닥에 물이 흐르면 농사를 지을 수 있고 식물이 번성해 산소량이 늘어나게 된다.

테라포밍에 필요한 에너지는 어떻게 얻을 수 있을까? 화성은 대기가 부족해 풍력발전이 불가능하고, 표면 온도가 낮아 지열 발전도 불가능하다. 원자력발전 역시 원자로나 핵연료 조달이 어렵다. 이는 화성에 도달하는 태양 에너지가 지구의 약 40퍼센트에 불과하기 때문이다. 한국항공우주연구원의 최기혁 박사는 '완전한 화성 테라포밍이 이루어지기 전까지 인류는 유리돔을 씌운 거대한 인공온실을 건설해 화성에 체류할 것'이라고 내다봤다.

하지만 2024년까지 화성에 지구인 거주지를 세우겠다는
일론 머스크의 야심은 사그라들지 않았다. 우주선 스타십은
화성에 사람을 운송할 예정인데, 1차 시험비행에 성공했다.
이어 2035년까지 화성에 사람을 보낼 계획이다.

2050년, 달과 화성에서 휴가를 즐겨볼까?

"이번 여름휴가는 우주로 갈까?"

"좋아! 우주호텔에서 지구를 바라보면 너무 신날 거 같아."

머지않아 우리는 휴가 여행지로 우주를 이야기할 것이다. 이미 본격적인 민간 우주관광의 시대가 열렸다. 현재 우주관광 산업을 이끌고 있는 주요 기업은 스페이스X, 블루오리진, 버진갤럭틱 등이다. 이 기업들의 수장인 일론 머스크, 제프 베이조스Jeff Bezos, 리처드 브랜슨Richard Branson은 전 세계적으로 인지도가 높은 '괴짜 억만장자'라는 공통점이 있다.

가장 먼저 우주여행을 한 CEO는 리처드 브랜슨이다. '어린 시절 별을 보며 우주를 꿈꾼' 그는 뒤늦게 우주탐사 회사를 설립했지만, 2021년 7월 세 사람 중 가장 먼저 대기권을 뚫고 우주를 유영했다. 버진갤럭틱의 우주선인 VSS 유니티는 고도 86킬로미터까지 올라간 뒤 한 시간 만에 비행을 마치고 복귀했다.

우주개발을 위해 아마존 CEO직에서 물러난 제프 베이조스. 그는 "다섯 살 때부터 우주여행을 꿈꿔왔다"고 말한 바 있다. 리처드 브랜슨에 이어 2021년 7월 20일 블루오리진의 '뉴셰퍼드'

로켓을 타고 지구와 우주의 경계인 고도 100킬로미터 '카르만 라인(유럽 국제항공우주연맹이 인정하는 우주의 경계)'을 넘어 버진갤럭틱보다 더 높이 비행했다. 그는, 우주여행 선두 자리는 내줬지만 실제 우주에 닿은 것은 블루오리진임을 강조했다.

리처드 브랜슨이 상업적 우주관광을 목표로 한다면, 베이조스는 '지구를 보존하기 위해 우주를 개발한다'는 창립 이념에 맞는 '문 빌리지Moon Village' 프로젝트를 추진하고 있다. 지구를 보존하기 위해 달에 인간이 거주할 수 있는 환경을 만든다는 것이다. 베이조스는 여기서 더 나아가 "달은 우주탐사의 전초기지이고, 달은 화성 이주의 전 단계다"라고도 말했다.

"인류는 화성에 도시를 건설해 우주로 여행하는 문명을 만들어야 한다. 우리는 더 이상 단일 행성인 지구에만 머물지 않고 여러 행성에 거주하는 종species이 돼야 한다."

인류의 화성 이주를 꿈꾸는 일론 머스크의 말이다. 그는 달이 아닌 화성을 목표로, 여행이 아닌 이주를 계획하고 있다. 인류가 생존하려면 지구가 아닌 다른 행성으로 이주해야 한다는 신념하에 지구와 환경이 가장 비슷한 화성을 택한 것이다.

이를 위해 스페이스X는 2021년 9월에 첫 민간 우주여행에 성공했다. 이 여행은 버진갤럭틱과 블루오리진이 잠시 우주를 경험하고 내려오는 것과는 차원이 달랐다. 사흘간 575킬로미터의

스페이스X는
2021년 9월에
첫 민간 우주여행에
성공했다.

궤도를 도는 실제 우주여행이었다. 세계 최초로 전문 우주비행사 없이 관광객 4명으로만 구성된 우주여행단은 발사부터 궤도 비행과 착륙까지 자동으로 조종되는 우주선을 타고 여행했다.

이제 우주여행을 넘어 인류가 달과 화성으로 이주하는 새로운 문명의 날이 다가오고 있다. 물론 아직도 해결해야 할 수많은 난제와 의문이 있다. 우주산업에 들어가는 천문학적인 비용을 지구를 위해 활용해야 한다는 비판도 거세다. 하지만 우주 시대는 더 이상 미래가 아닌 현재다. 민간 우주기업들의 치열한 경쟁으로 우주산업은 최첨단 기술의 집약체가 되었고, 그 기술이 우리의 삶을 어떻게 변화시킬지 귀추가 주목되는 상황이다. 무엇보다 중요한 것은 '우리는 우주의 일부'라는 사실이다.

참고 자료

「'괴짜 억만장자' 경쟁이 키운 꿈 "우주여행 넘어 화성·달 이주"」, 《중앙일보》, 2021년 7월 13일 ㅣ 「문 열리는 우주관광 시대, 나도 우주기술에 투자해볼까? 관광보단 기술개발 초점, 한국은 부품 산업에 관심」, 《매일경제》, 2021년 9월 7일 ㅣ 「[커버스토리] 우주여행 시대… 꿈을 '산업'으로 바꾼 인류」, 《한경뉴스》, 2021년 8월 16일 ㅣ 이성규, 『호모 스페이스쿠스』, 플루토, 2020년 ㅣ 애슐리 반스, 『일론 머스크』, 안기순 옮김, 김영사, 2015년

우주 쓰레기,
누가 치워야 하나?

ON AIR
우주는 주인이 없다 1부 — 아빠, 우주 쓰레기는 누가 치워요? 20200331
우주는 주인이 없다 3부 — 우주를 구하는 수학 게임 20200414

우주는 주인이 없다 1부
— 아빠, 우주 쓰레기는 누가 치워요?

1957년 소련이 최초로 인공위성을 발사한 이후 인류가
수십 년간 우주로 쏘아댄 로켓, 인공위성, 연료탱크,
우주선…. 추적이 가능한 10센티미터 넘는 우주 쓰레기만
3만 개 이상, 그보다 작은 우주 쓰레기는 90만 개 이상이다.

"우주 쓰레기가 우리랑 무슨 상관이야?"
"작은 파편이 뭐 얼마나 위험하겠어?"

하지만 우주 쓰레기가 위험한 이유는 최대 초속 8킬로미터,
총알 속도의 8배에 달하는 엄청난 '속도' 때문이다. 1996년

프랑스의 인공위성 세리스는 로켓 파편과 충돌해 큰 손상을 입었고, 2011년 국제우주정거장ISS, International Space Station 승무원들은 우주 쓰레기 때문에 탈출용 우주선으로 대피해야 했다. 이처럼 우주 쓰레기는 심각한 우주 교통사고를 유발하는 등 엄청난 위협이 되고 있다.

1997년, 미국 오클라호마주. 검게 변색된 금속 물체가 한 여성의 어깨 위로 떨어졌다. 그것은 미 공군이 발사했던 로켓 잔해였다. 인간이 쏘아 올린 우주 쓰레기는 결국 인간에게 돌아올 쓰레기인 것이다.

미국, 중국, 러시아, 일본, 인도 그리고 한국… '누가 제일 많이 쏘아 올리나?' 우주로 쏘아 올리는 데는 치열한 경쟁을 벌이고 있지만 어느 누구도 우주 쓰레기를 치우려 하지 않는다. 무슨 이유 때문일까?

한 마을에 주민이 없는 초원이 있었다. 마을 사람들은 각자 자신이 기르는 소를 데리고 나와 초원에서 풀을 먹였다. 공유지는 평화로웠다. 모두가 한 마리씩 풀어놓으면 1년 내내 소를 잘 키울 수 있었다. 하지만 누군가 초원에

소 열 마리를 데리고 왔다. 소들은 점점 늘어나고 초원이 번잡해지자 무질서 속에 공유지는 결국 황폐해졌다.

이는 1968년 미국 생태학자 개릿 하딘Garrett Hardin이 말한 '공유지의 비극Tragedy of the Commons'이다. 그가 기고한 짧은 에세이는 구성원들이 자신의 이익만을 추구할 때 공동체 자체가 파괴될 것이라는 의미를 담은 일종의 경고다.

"우주 강국은 당연히 미국이지."
"러시아는 37개를 한 번에 발사했어!"
"인도가 세계 최고야! 한 번에 104개를 쏘아 올렸거든."

치열한 경쟁 속에서 우주는 점점 더 혼잡해지고 있지만, 어느 누구도 먼저 우주 쓰레기를 치우려 하지 않고 있다. 2030년 화성 착륙을 계획하는 인류에게도 우주 속 공유지의 비극이 닥치는 걸까?

우주는 주인이 없다 3부
― 우주를 구하는 수학 게임

인공위성의 연쇄적 충돌로 우주 쓰레기가 폭발적으로
증가하는 '케슬러 증후군Kessler Syndrome'을 막을 방법은
없을까? 우주 쓰레기가 가져올 공유지의 비극을 막기 위해
'게임이론Theory of Games'으로 우주를 구하려는 사람들이 있다.

영국 리버풀대학 칼 투일스Karl Tuyls 교수 연구팀은 우주
쓰레기 문제로 인한 경제적 파급력에 대한 심도 있는 분석을
제시했다. 또한 게임이론을 통해 실용적인 문제 해결법과
통찰력을 제공하고자 했다. 이는 컴퓨터공학자들이
인공위성과 우주 파편의 충돌 가능성을 수학적으로 분석하는

일명 '우주 게임'으로, 게임이론을 활용한 우주 쓰레기 해결법이다.

여기 두 명의 플레이어가 있다. '플레이어 A'는 NASA, '플레이어 B'는 ESA다. 게임의 자산은 플레이어가 10년간 발사한 인공위성들.

- 게임 규칙 1

  게임의 자산, 즉 자신의 인공위성에 직접적으로 위협이 되는 물체를 제거해야 한다.

- 게임 규칙 2

  플레이어들이 2년마다 각각 0, 1, 2개의 우주 파편을 제거한다.

게임이론을 적용해 150년간 우주 쓰레기의 위험도를 네 가지로 정리하면 답은 분명해진다.

1. **플레이어 A, B가 우주 파편을 하나도 제거하지 않을 경우**

2. **플레이어 A는 1개를 치우고, 플레이어 B는 0개를 치울 경우**

3. **플레이어 A는 0개를 치우고, 플레이어 B는 1개를 치울 경우**

4. **플레이어 A, B가 모두 2년에 2개씩 우주 파편을 제거할 경우**

이 중 최선의 선택은 4번으로, 자산 위험도와 자국 인공위성의 충돌 가능성도 낮아진다. 우주 쓰레기 문제를 단순히 과학 분야의 문제가 아닌 경제적·사회적 문제로 인식하면 사뭇 다른 관점이 생긴다. 우주 쓰레기 하나를 제거하는 비용과 우주 쓰레기를 제거해서 얻는 편익을 비교해보자. 엄청난 비용이 들더라도 결국 편익을 얻기 때문에 우주 쓰레기를 치워야 한다는 결론에 도달한다.

"플레이어들은 자신의 위성을 지키기 위해서도 스스로 우주 쓰레기를 수거해야 한다."
— 칼 투일스(영국 리버풀대학 교수)

하지만 인간의 의사결정을 수학적으로 표현한 게임이론 속에는 '인간은 완전히 합리적이다'라는 비현실적인 전제가 깔려 있다. 즉, 현실에서는 150년 동안 끝없이 늘어나는 우주 쓰레기를 제거하는 비용에 비해 당장의 편익은 너무 작게 느껴지기 때문에 주저하게 되는 것이다.

'우주 쓰레기는 누가 치워야 할까?'
언젠가는 해결해야 할, 누군가는 대답해야 할 인류의 숙제다.

영화 속 '승리호' 조만간 현실에서 보게 된다

2021년 2월, 한국 최초의 우주 SF 영화인 〈승리호〉가 전 세계인의 관심을 불러모았다. 영화의 배경은 지구가 황폐화된 2092년. 우주개발 기업 'UTS'는 아직 인류가 화성으로 이주하지 못한 상황에서, 지구의 위성 궤도에 인공 거주지를 띄워 새 보금자리를 만든다. 그런데 이곳에서는 극히 일부의 인류만이 살 수 있다.

특이한 점은 영화 속 주인공들의 직업이 '우주 청소부'라는 점이다. 이들은 'UTS 시민들'만 드나들 수 있는 우주 거주지에 우주 쓰레기 청소를 위해 출입이 허락된 노동자 계급이다.

그런데 영화에서처럼 까마득한 미래인 2092년이 되어야만 우주 쓰레기가 문젯거리가 될까? 그렇지 않다. 우주 쓰레기는 이미 인류가 직면한 현실의 문제다. 세계 각국의 노후화된 인공위성과 쓸모없어진 로켓 등 우주 쓰레기들은 충돌해서 부서지고 또 부서지면서 파편의 수가 점점 더 증가하고 있다. 발사한 지 60년이 지난 미국의 인공위성 뱅가드 1호는 6년 만에 수명이 끝났음에도 여전히 지구 궤도를 회전하고 있다.

2019년 1월에 발표된 ESA의 분석에 따르면 인공위성 8,950개

중 지구 궤도를 돌고 있는 위성은 약 5,000개, 이 중 작동 중인 위성은 1,950개에 불과하다. 즉, 인공위성의 60퍼센트 이상은 수명이 끝난 '우주 쓰레기'인 셈이다. 지구 저궤도의 인공위성은 그 수가 많아질수록 서로 충돌할 가능성이 높다. 또 이때 발생하는 우주 쓰레기로 인해 다시 충돌 위험이 증가하는 악순환이 이어진다.

2021년 5월, 중국의 창정 5B 로켓 잔해의 추락 소식은 전 세계를 긴장시켰다. 약 20톤의 이 우주 쓰레기가 대기권을 통과하면서 완전히 연소되지 않아 파편이 지상으로 낙하할 가능성이 있었기 때문이다. 다행히 잔해는 인도양으로 떨어졌지만, 만일 도심 한가운데 떨어졌다면 인류에 큰 위협이 되었을 것이다.

"지구는 인류의 요람이다. 하지만 인류가 영원히 요람에 머물 순 없다."

우주탐사의 아버지라 불리는 콘스탄틴 치올콥스키Konstantin Tsiolkovsky의 말처럼, 우주 시대는 거스를 수 없는 미래로 다가왔다. 하지만 지구에서처럼 우주 환경 문제를 도외시한다면 인류는 더 큰 재앙을 맞게 될지도 모른다.

'국제적으로 합의된 세금이나 벌금 제도를 마련하자', '파편 발생 완화를 위한 가이드라인을 제정하자', '잔해가 생기지 않도록 로켓 설계 자체를 바꿔야 한다' 등 우주 쓰레기 해결에 관한 수많은 의견이 나오고 있다.

이러한 제도 마련에 앞서 각국은 우주가 인류 공동의 자산이라는 인식부터 가져야 한다. 우주는 미지의 세계이자 무한한 가능성의 공간으로 모두에게 열려 있다. 우주의 환경을 지키는 것도 공동의 책임이다. 우주가 일부 국가나 민간기업의 전유물이되어 새로운 갈등을 만들어내지 않도록 국제적인 협력과 공조를 강화할 필요가 있다.

민간 우주개발 시대를 맞아 기업 간의 경쟁이 심화되면서 긍정적인 측면이 있는 반면 그림자도 따른다. 우주는 매우 복잡해진 동시에 날로 위험해지고 있다. 우주의 가능성을 두고 벌이는 무한경쟁만큼, 우주의 각종 문제와 위험에 어떻게 대비해야 할지도 고민해야 할 시기다.

참고 자료

「'우주 쓰레기' 왜 안 치우고들 있을까」, 《이웃집과학자》, 2019년 11월 28일 | 「인류는 우주에도 쓰레기를 남긴다」, 《한겨레21》, 2021년 8월 7일 | 「진짜 '승리호' 먼저 만들면 대박? 막 오른 우주경제」, 《매경프리미엄》, 2021년 2월 28일 | 하임 샤피라, 『n분의 1의 함정』, 이재경 옮김, 반니, 2017년

스푸트니크 1호에서
누리호까지

ON AIR
스푸트니크 1부 ─ 우주에서 온 거대한 충격 20201007
스푸트니크 2부 ─ 한국의 로켓 청년들 20201007

스푸트니크 1부 ─ 우주에서 온 거대한 충격

"연말 전까지 백신이 나올 거라고 확신한다."

── 트럼프(미국 전 대통령)

"백신 후보물질의 임상시험을 진행 중이다."

── 중국 국영 제약사 연구소

코로나19 백신 개발을 앞두고 각국의 경쟁이 계속되는
가운데 2020년 8월 11일 러시아는 세계 최초로 코로나19 백신
등록을 발표했다. "이번 백신은 스푸트니크 쇼크와 같다"라고
공언하면서 백신의 이름을 '스푸트니크 V'로 정했다.

1957년 10월 4일 오후 7시 28분, 카자흐스탄 바이코누르
우주기지 발사장에서 아파트 10층 높이의 로켓이
솟아올랐다. 고도 215킬로미터까지 오르자 로켓은 분리되기
시작했고, 4개의 안테나가 붙어 있는 둥근 물체는
우주로 향했다.

이것은 소련이 쏘아 올린 인류 최초의 인공위성
스푸트니크 1호다. 2차 세계대전 이후 소련과 냉전 중이던
미국은 스푸트니크 발사 성공 소식에 엄청난 충격에
휩싸였다. 스푸트니크가 미국 상공을 지날 때마다 TV와
라디오로 중계했다. '이제 핵탄두를 장착한 소련의 미사일이
언제든 날아올 수 있다'는 위기감이 조성되었고, 시민들이
실제로 대피하는 사건까지 발생했다.

그리고 30일 후 또 한 번 인공위성을 발사한 소련.
스푸트니크 2호는 심지어 개 '라이카'를 태워 세계 최초로
생명체를 우주로 보내는 데 성공했다. 그로 인해 라이카는
안타깝게 희생되었지만. 이 일련의 사건들은 '스푸트니크
쇼크'로 불리며 미국의 자존심에 큰 상처를 남겼다.
'소련이 우주기술의 선두에 설 동안 미국은 도대체

무엇을 하고 있었나?' 당시 미국은 엄청난 충격을 받았고, 우주개발에 막대한 투자를 결정한다. 이어 정부 연구기관 NASA를 설립하고, 유인 달 탐사 프로젝트인 '아폴로 계획'을 시작한다. 그뿐 아니다. 기초과학 발전을 위해 수학과 과학 교육을 강화하고, 새로운 통신기술과 인터넷의 효시인 '알파넷ARPAnet'을 구축하는 등 사회 전반에 걸쳐 대대적인 변혁을 일으켰다.

우주로부터 온 거대한 충격, 스푸트니크 쇼크는 전 세계로 퍼져나갔다. 일본, 인도, 이스라엘, 영국 등도 우주개발에 뛰어들어 우주기술 강국의 발판을 마련하기 시작했다.

아폴로 7호, 아폴로 9호에 이어 1969년 7월 2일 아폴로 11호까지. 마침내 미국은 인류 최초로 달 착륙에 성공했고, 이후 50년간 인류는 과학 발전에 있어 큰 도약을 이뤘다. 지금까지도 '스푸트니크 쇼크'는 인식을 바꿀 정도로 충격적인 변화를 일컫는 말로 회자되고 있다.

스푸트니크 2부 — 한국의 로켓 청년들

"한 청취자는 그 소리가 마치 목쉰 귀뚜라미 소리처럼
'빕-빕-빕' 하더라고 말했다."
— 《조선일보》, 1957년 10월 6일

1957년 10월 4일, 인류 최초의 인공위성 '스푸트니크'
소식은 당시 가장 가난한 나라 중 하나였던 한국에도
전해졌다. 그다음 해에는 충북 영동에서 놀라운 소식이
들려온다. 19세 청년이 독학으로 로켓 발사에 성공한 것이다.

한국전쟁 이후 극심한 가난에 시달리던 1950년대 말.

우주기술 개발은 그저 사치스럽게만 느껴지던 시절,
인공위성에 관심을 갖고 연구를 시작한 한 청년이 있었다.
매일같이 미친 사람처럼 연구에 몰두해서 동네 사람들의
웃음거리가 되었던 그의 이름은 '김기용'.

대학 진학의 꿈도 버리고 대학 입학금으로 받은 8만 환(현재
가치 약 144만 원)을 로켓 연구와 제작에 투자했다. 1958년 3월
16일 비록 작고 보잘것없는 로켓이었지만 그는 발사에
성공한다.

그즈음 충북 증평에서 들려온 또 다른 로켓 청년의 소식.
고철 공장에서 일하던 25세 청년 '조중석'은 스푸트니크 발사
소식을 듣고 홀로 연구를 거듭하여 길이 37.5센티미터, 무게
2.25킬로그램의 4단 로켓을 제작한다. 이 소식을 듣고 모여든
동네 사람들은 정신을 가다듬지 못할 정도의 폭음에 놀랐다.
로켓은 화염을 뿜으며 날아올라 맨눈으로 관측할 수 없을
만큼 높이 치솟았다.

로켓과 우주개발에 대한 젊은이들의 관심이 높아지자
1959년 '대한우주항행협회'와 '학생우주과학연구' 등이

조직되어 활발한 활동을 전개해나갔다. 인하공대 학생들로 구성된 '로켓반'에서는 총 11개의 로켓을 개발했다.

"트럭 뒤에 타서 발사장까지 갔는데 충격을 줄이려고 1단 로켓을 무릎에 얹고 갔죠." 당시 인하공대 로켓반이었던 최상혁 박사(NASA 랭글리연구소)는 '폭발이라도 했으면 큰 사고가 났을 것'이라고 회고했다.
하지만 그렇게 목숨을 걸 정도로 뜨거웠던 로켓 개발에 대한 청년들의 열정은 지속될 수 없었다.

민간 로켓 붐과 더불어 1959년 국방부 과학연구소가 처음 제작한 로켓을 시험 발사하는 등 국가 차원의 로켓 개발도 진행됐다. 하지만 한국의 로켓 개발 붐은 오래 가지 못했다. 1960년대 들어서며 급변하는 정세에 국가 주도의 로켓 연구는 중단되고 사람들의 관심도 사그라들었다.

이후 2013년이 되어서야 러시아산 1단 엔진을 이용한 '나로호'가 발사되며 우주를 향한 도전이 다시 시작되었다. 한국형 발사체 '누리호(KSLV-Ⅱ)' 발사 승인에 이어, 2021년 10월 드디어 우리 기술로 우주를 향한 첫걸음을 뗐다.

실패를 통한 성장, 한국의 '누리호'가 발사되다

1960년대 이후, 수십 년 동안 후퇴한 한국의 우주개발은 2013 년 '나로호' 발사 성공으로 회복의 길을 열었다. 하지만 이는 러 시아에서 만든 발사체를 빌린 것이란 한계가 있었다. 독자적인 우주발사체 개발은 그로부터 10여 년 동안 이어졌다.

2021년 10월 드디어 한국이 자력으로 개발한 최초 발사체인 '누리호'가 발사대에 올랐다. 한국형 발사체 누리호는 발사 후 공 중에서 2단·3단 엔진 점화와 단 분리가 이루어진 후, 페어링·위 성 분리까지 성공하면서 모형 위성을 700킬로미터 상공으로 쏘 아 올렸다. 하지만 마지막 단계인 위성을 목표 궤도에 안착시키 는 데는 성공하지 못해 '절반의 성공'이란 평가를 받았다. 그럼에 도 독자적인 발사체의 발사 성공만으로도 대단한 성과라 할 수 있다. 1950년대 말 어려운 환경에서 최첨단 과학기술의 상징인 로켓을 혼자 힘으로 연구한 청년들, 그리고 수많은 우주 소년들 의 열정에 힘입어 태동하기 시작한 한국형 발사체가 드디어 결 실을 거둔 셈이다.

누리호에는 국산 기술로 만든 엔진 6기가 들어간다. 추진력이

한국이 자력으로 최초 개발한 발사체 '누리호'

많이 필요한 가장 아랫부분 1단 로켓은 엔진 4기를 연결해 300톤급 엔진을 만들었다. 300톤급 엔진을 개발하는 것보다 여러 개 엔진을 연결해 쓰는 것이 상대적으로 쉽지만, 엔진 4기를 한 몸처럼 묶는 것 역시 고도의 기술력이 필요하다.

발사체 관련 기술은 전략자산이라 선진국에서 기술이전은 물론 부품조차 수입이 되지 않았다. 개발 과정 자체가 그야말로 '맨땅에 헤딩'하는 형국이었다. 한국 제조업은 기술이나 설비, 부품 등을 선진국에서 도입해 압축 성장해오면서 세계 최고 수준에 이르렀다. 하지만 우주산업은 성장 과정이 이와 사뭇 달랐다. 왜냐하면 기술과 부품 등의 수입이 원천 봉쇄돼 압축성장 방식이 불가능했기 때문이다. 그런 이유로 개발 과정에 몇 배의 고충이 따랐다.

"2009년 나로호 발사 실패 때 비난이 쏟아졌던 트라우마로 인해 발사체 개발에 있어 혁신적인 시도보다는 안전 위주 개발로 이어지고 심지어 상업화 논리까지 적용되고 있습니다." 한창헌 한국항공우주산업KAI 미래사업부문장은 우주개발에 대해서는 좀 더 길게 내다보고, 실패를 '성공의 어머니'로 용인해주는 사회적 동의가 필요하다고 당부했다.

한 치의 실수도 허용하지 않는 국내 조선사 출신 용접기술 전문가, 발사체 총 조립을 담당하며 발사체의 혈관인 '하네스(전장

부품)' 설계를 맡은 수석연구원, 강한 진동과 충격을 견디고 극저온이나 극고온의 환경에서도 제 기능을 하는 탑재 카메라를 개발한 무선통신기기 회사와 한국항공우주연구원KARI, 누리호의 심장인 터보엔진을 만든 기업…. 수많은 엔지니어들이 고군분투한 끝에 개발에 성공했다. 이들의 장인정신에 힘입어 국산 부품들이 하나하나 만들어지고 누리호가 탄생하게 된 것이다.

자체적으로 발사체 기술을 보유한 나라는 북한을 포함해서 단 9개국이었다. 이 중 미국, 러시아, 유럽, 일본, 중국, 인도 등 6개국만이 1톤 이상의 실용 위성을 발사할 수 있는 능력을 보유하고 있다. 이제 우리나라도 독자적인 발사체를 보유한 국가 대열에 합류했다.

2021년 5월 '한미 미사일지침'이 42년 만에 종료되고 한국도 '아르테미스 프로젝트'에 참여하게 되었다. 이 프로젝트는 2024년까지 달에 우주인을 착륙시키고, 2028년에는 달 남극 부근에 기지를 건설하는 것을 목표로 한다. 이로써 한국도 본격적인 우주개발 전성시대를 열 기반을 마련했다. 우주로 향하기 위한 모든 플랫폼이 열린 셈이다.

참고 자료

「'스푸트니크 쇼크' 60년… 한국도 1960년대 말 로켓 연구 전성시대 있었다」, 《한국경제》, 2017년 10월 8일 ┃ 이영준·안형준, 「우주 감각 : NASA 57년의 이미지들」, 「스푸트니크 쇼크와 1950년대 말 우리나라 로켓 붐 / 안형준」, 워크룸프레스, 2016년 ┃ 「나로호 발사 8년 만에 발사대에 우뚝 선 '누리호'… '국산 기술로 해냈다'」, 《조선일보》, 2021년 6월 1일 ┃ 「'달 탐사선 쏘아 올리겠다'… 한국형 발사체 도전장 KAI 생산현장」, 《매일경제》, 2021년 8월 10일 ┃ 「[누리호를 만드는 기업들] (7) 발사부터 위성 분리까지 생생히… 누리호 생중계 시스템을 만들다」, 《동아사이언스》, 2021년 9월 10일 ┃ 「누리호, '절반의 성공' 아닌 '90%의 성공'인 이유」, 《시사저널》, 2021년 11월 1일

지구로 내려온 우주기술,
나사의 스핀오프

체온계에 숨어 있는 우주기술

코로나 시대의 필수 관문은 체온 측정이고, 필수품은
언택트 체온계다. 그런데 우리가 매일 사용하는 체온계에도
우주기술이 숨어 있다.

'몸에 닿지도 않았는데 어떻게 온도를 측정하는 걸까?'
그 비밀은 적외선 Infrared Ray에 있다. 영하 273도(절대온도 0K)
이상의 모든 물체는 그 온도에 해당하는 만큼의 에너지를
방출한다. 그래서 한 파장에서 방출되는 에너지 양을
측정하면 물체의 온도를 가늠할 수 있다. 언택트 체온계는 이
방출되는 적외선을 활용해 몸의 온도를 측정하는 것이다.

적외선은 가시광선과 마이크로파 사이 0.7마이크로미터에서 1밀리미터 사이의 전자기파다. 파장의 길이에 따라 다섯 가지 적외선으로 나뉜다. 이 중 인체를 감지하는 데는 주로 14마이크로미터 이내의 파장대를 가진 '중파장적외선MWIR'과 '장파장적외선LWIR'을 사용한다. 36도인 사람의 온도에서 나오는 파장과 가장 비슷하기 때문이다. 이 영역은 인체에서 방출되는 적외선을 직접 감지해서 빛이 전혀 없는 상황에서도 인물을 구별할 수 있다. 열화상카메라 역시 같은 원리로 체온을 파악한다.

이 적외선 측정은 NASA에서 개발한 기술이다. 1960년대 말 적외선 망원경으로 북반구 하늘에서 약 6,000개에 달하는 천체를 발견했다. 1983년에는 적외선 천문위성IRAS을 발사했다. 그리고 적외선 관측 기반의 천문학 분야인 '적외선 천문학'도 개척했다.

태양계 밖 행성계의 존재를 확인하고 별을 관찰하는 데 쓰이던 적외선은 의료에 접목되었다. 귓속형 체온계와 비대면 체온계 등 시간을 획기적으로 단축하고 감염 위험을 줄이는 적외선 체온계가 출현한 것이다. 이처럼 우주 관련 첨단기술은 어느새 실생활에 활용되기 시작했는데,

이는 NASA의 스핀오프Spin-off로 가능했다.

스핀오프는 '기존의 작품에서 새롭게 파생되어 나온 작품' 혹은 '특정한 연구 프로젝트에서 나온 연구 결과를 새로운 분야에 적용해서 결과를 내는 것'을 의미한다. NASA의 스핀오프는 1976년부터 매년 평균 50개 이상의 기술을 소개했는데 2020년 기준 약 2,000여 개에 달한다.

"아폴로 계획에 든 비용은 약 250억 달러(약 29조 원 가치)입니다. 스핀오프를 통해 개발된 기술의 부가가치는 아폴로 계획 비용의 7배가 넘습니다."
— 스콧 허버드(전 NASA 에임스연구센터 소장)

미래 기술 양자컴퓨터

"양자컴퓨터는 우주와 인류의 모든 문제를
컴퓨팅으로 풀어가는 시대를 열 것이다."

— 이준구(KAIST AI 양자컴퓨팅 ITRC 센터장)

스마트폰이 처음 나왔을 때는 몰랐다. 스마트폰이 우리 삶을
어떻게 바꿔놓을지. 그런데 이제 스마트폰을 뛰어넘을
미래 혁신 기술이 다가오고 있다. 바로 슈퍼컴퓨터를
능가하는 '양자컴퓨터'다.

2019년 구글은 53큐비트Qubit의 양자컴퓨터

'시커모어Sycamore'를 공개했다. 현존하는 최고 성능의
슈퍼컴퓨터를 압도하는 연산 속도가 가능한
'양자 우위Quantum Supremacy'를 처음 입증했다.

컴퓨터는 모든 언어를 0과 1, 두 가지로만 이해하는 2진법을
사용한다. 주어진 모든 상황을 단 두 가지의 경우로 이해하고,
각각 계산해 최적의 결과를 찾아낸다. 이때 사용되는
정보 단위를 '비트Bit'라 부른다. 비트는 각각의 경우에서
0과 1 둘 중 하나를 표현하게 된다. 하지만 상황이
복잡해질수록 처리할 계산이 늘어나고, 대규모 연산을
훨씬 빠르게 해야 할 필요성이 생겼다. 그래서 등장한 것이
슈퍼컴퓨터다.

영국의 이론물리학자 데이비드 도이치David Deutsch는
'양자역학적으로 보면 정보의 상태는 0과 1 오직 두 가지만
존재하는 것이 아니고, 0이면서 동시에 1인 중첩 상태도
고려해야 하지 않을까?'라는 의문을 품었다. 그리하여
양자컴퓨터의 기본 단위인 큐비트가 등장하게 된다.
양자컴퓨터의 큐비트는 '0'이면서 동시에 '1'을 가질 수 있다.
양자는 상호작용하는 모든 물리적 독립체의 최소 단위

양자의 특성인 중첩, 즉 두 가지 상태가 동시에 존재할 수
있는 특성을 갖고 있다.

큐비트 20개면 100만 개 이상의 연산을 동시에 할 수 있는데,
큐비트 수를 더 늘리면 슈퍼컴퓨터를 능가하게 된다.
56비트로 암호를 찾는 데 걸리는 시간은 얼마일까?
일반 컴퓨터는 1,000년이 걸리지만 양자컴퓨터로는
단 4분이면 된다. 양자소자 53개를 나열한 양자칩이
반도체칩 1경 개 이상을 장착한 슈퍼컴퓨터의 속도를
뛰어넘은 것이다.

일일이 화학반응 실험을 하는 지금의 신약 개발 과정도
양자컴퓨터가 발전하면 달라지게 된다. 컴퓨터 계산만으로도
화학반응을 연구할 수 있기 때문이다. 약물 개발 기간을
1년에서 1~2주 내로 단축할 수 있고 개인별 유전자 특성에
따른 맞춤형 약물 처방이 가능하다. 약물 개발은 물론
금융 투자까지, 꿈의 기술로 불리는 양자컴퓨터의 활용은
지금껏 경험하지 못한 또 다른 혁신을 일으킬 것이다.
양자컴퓨터는 우주 탄생의 비밀을 푸는 연구에도 쓰이고
있다.

양자컴퓨터는
우주와 인류의
모든 문제를
컴퓨팅으로
풀어가는 시대를
열 것이다.

정수기와 전자레인지도 우주기술의 산물

코로나19와 우주기술. 이 두 가지는 어떤 연관이 있을까? 로켓, 우주망원경, 인공위성, 우주복… 일상과는 거리가 먼 우주개발 관련 기술이 실은 우리 삶의 중요한 부분을 차지하고 있다.

코로나19를 극복하는 과정에서도 우주탐사 기술이 사용되었다. 가장 대표적인 것이 적외선 체온계다. 그 외에도 NASA의 제트추진연구소JPL, Jet Propulsion Laboratory는 인공호흡기를 단 37일 만에 개발해냈다. 코로나19 중증 환자용 인공호흡기 부족 사태가 발생하자 기존보다 부품을 줄여 저렴하고 빠르게 생산해낸 것이다.

우주개발 관련 기술은 오래전부터 인류가 누리는 편리한 삶에 지대한 공헌을 해오고 있다. 우주라는 새로운 분야를 개척해나가는 데는 최첨단 기술이 필요하고 각국의 개발 속도 역시 날로 빨라지고 있다. 우주산업이 엄청난 경제적 이익을 발생시킬 수 있는 분야이기 때문이다. 이와 관련해서 개발된 기술은 우주산업뿐 아니라 우리 생활 속에서도 꾸준히 활용되어 놀라운 혁신을 만들어내고 있다.

지구로 내려온 우주기술, 나사의 스핀오프

집집마다 사용하는 '정수기'와 '전자레인지'도 우주기술의 산물이다. NASA는 아폴로 계획을 진행하면서 우주비행사들의 식수와 음식 문제를 해결하기 위해 정수기와 전자레인지를 개발했다. 우주선 내에서 사용할 식수를 위해 중금속과 악취를 걸러주는 이온 여과 장치를 개발했고, 이는 정수기 탄생에 결정적인 역할을 했다. 또한 좁은 우주비행선 안에서 간단하게 음식을 조리할 수 있는 장비를 개발하기 위한 기술이 훗날 전자레인지를 탄생시켰다.

이 외에도 무수히 많은 경우가 있다. '화재경보기'도 1970년대 NASA가 우주정거장 스카이랩에서 화재를 미리 감지하기 위해 개발한 장치가 응용된 사례다. '카시트'와 '유모차'도 항공기술에 기반해 만들어졌다. 조종사들이 사용하는 낙하산 벨트 기술은 유아용 자동차시트에 적용됐다. 일반 카시트의 구조적 한계를 극복해 사고 시 충격을 어깨 전체로 분산시켜주어 올바른 탑승 자세를 유지시켜준다.

우주산업은 다른 과학 분야에 비해 스핀오프가 활발히 일어나고 있다. 우주기술 자체가 인류가 시도하지 않았던 새로운 분야를 개척해나가는 것이기 때문이다. 이 과정에서 창의적인 문제해결 방법이 더 활발하게 도입되고 다른 분야와의 융합을 통해 놀라운 혁신이 일어나고 있다. 우주기술 자체뿐만 아니라, 기술

개발 과정에서 나오는 아이디어만으로도 새로운 경제적인 이익
이 창출되는 상황이다.

  NASA의 우주탐사는 미국 전역의 일자리 창출에도 큰 기여를
하고 있다. NASA에 따르면, 우주탐사로 인해 1년 동안 미국에서
고용하는 인력은 312,000명이 넘는다. 그뿐만이 아니다. NASA의
스핀오프는 수많은 기술로 응용되어 인류가 보다 편리한 삶을
살 수 있도록 해준다. 2019년 한 해에만 NASA의 스핀오프를 통
한 신기술 보고서는 1,839건, 특허권은 122건, 소프트웨어 사용
협약은 2,692건이 나왔다.

  최첨단 우주기술은 점점 더 새로운 영역으로 확대되고 있다.
그로 인해 얻을 수 있는 잠재적인 경제 이익은 천문학적인 수준
에 달한다. 앞으로 우주기술은 AI, 양자컴퓨터, 로봇기술 등과 결
합되어 보다 더 새로운 세상을 열어나갈 것이다.

참고 자료

「현실이 되어버린 공상, 양자컴퓨터」, 《주간동아》, 2020년 1월 29일 | 「꿈의 양자컴퓨터, 인류 난제
해결에 앞장선다」, 《조선일보》, 2021년 7월 1일 | NASA 스핀오프 홈페이지(https://spinoff.nasa.
gov/) | 「"체온으로 감염 확인"··· 코로나19 확산에 '적외선 센서' 주목」, 《디지털투데이》, 2020년 3
월 12일 | 「비접촉 체온계, 인공호흡기··· 일상이 된 '우주'」, 《매경프리미엄》, 2021년 3월 20일 |
「지구로 내려온 우주기술, NASA의 스핀오프」, 《과학기술정보통신부》, 2019년 3월 13일

Imagination
& Science

우주 시대를 위한
과학자들의 아이디어

과학자는 현실에 발을 딛고 먼 미래에 산다

미지의 세계를 가로지르며 우주 항해의 돛을 올리다

우주 생활에서 가장 골치 아픈 것은?

우주 시대로의 확장, 먹을거리에도 상상력과 혁명을

과학자는 현실에 발을 딛고
먼 미래에 산다

ON AIR
작은 질문, 과학의 시작 20201207. | 아주 긴 실험 20200923

작은 질문, 과학의 시작

마야 문명에 특별한 호기심을 가진 캐나다의 소년
윌리엄 가두리. 2016년 그는 마야 도시가 발전된 문명과
천체 관측술을 보유했음에도 깊은 산속에 세워진 것에
의문을 품었고, 이 미스터리를 파고들었다.

"마야 도시는 왜 강이나 평야가 아닌 깊은 산속에
세워졌을까?"
"마야 도시의 위치는 별자리와 관련이 있지 않을까?"

마야 도시의 위치와 별자리를 비교하여 소년이 찾아낸 것은

멕시코 정글 속에서 잠자고 있던 86미터 높이의 피라미드와
30개의 건축물 흔적. 이는 고대 마야의 잃어버린 유적이다.

17세기 한 청년의 위대한 발견도 작은 호기심에서
시작되었다. 당시 영국에 창궐한 페스트 탓에 사색하는 것이
일상의 전부였던 스물세 살의 청년 아이작 뉴턴. 어느 날
집 앞뜰에 있는 사과나무 아래 앉아 졸고 있던 뉴턴은
사과가 떨어지는 것을 보고 의문을 품는다.

"왜 사과는 항상 '아래로만' 떨어질까?"
"왜 '하늘의 달'은 떨어지지 않을까?"

뉴턴의 '만유인력의 법칙'을 비롯해서 인류의 새로운
역사는 작은 질문이 가져온 결과다. 모든 '유레카의 순간'을
가능하게 한 것은 하나의 엉뚱한 질문이었다.

"박테리아가 자신을 보호하기 위해 침입자의 DNA를
잘라낼 수 있다고?"
이 질문으로 인류의 새로운 희망인 '유전자 가위' 시대가
열렸다. 크리스퍼 유전자 가위 기술은 'DNA 혁명'으로

조명받으며 《네이처》와 《사이언스》로부터 '2015년의 가장
뛰어난 성과'로 꼽혔다.

"저 별들은 왜 빈 공간을 중심으로 공전할까?"
이 질문은 첨단과학의 시대에도 여전히 미지의 영역인
블랙홀에 대한 탐구를 가능케 했다. 2020년 노벨 물리학상은
블랙홀의 존재를 증명한 3인의 과학자들에게 돌아갔다. 이들
덕분에 오늘날 수천억 개로 추정되는 거대은하의 중심에는
블랙홀이 있다는 사실이 밝혀졌다.

인류는 하나의 질문이 세상에 던지는 파장과 거기서 비롯된
영감으로 놀라운 발견을 해왔다. 우주의 신비에 다가선 것도
이런 호기심과 질문 덕분이다. 따라서 과학자의 질문과
상상은 계속되어야 한다.

"질문은 곧 창조이며 답보다 심오하다."
—『가장 먼저 증명한 것들의 과학』 중

아주 긴 실험

"이봐, 선반에 이상한 물건이 있어."
1961년 호주 퀸즐랜드대학의 실험실 구석진 곳에 오랜 시간
방치된 듯 보이는 낡은 실험기구가 있었다. 그것은 바로
30여 년 전 시작된 실험이었다.

1927년 어느 날, 물리학과 토머스 파넬 교수의 수업에서는
"역청은 고체일까, 액체일까?"라는 질문이 던져진다. 고체는
일정한 온도와 압력에서 모양과 부피가 변하지 않고 액체는
물과 주스처럼 흐르는 성질이 있다.

아스팔트의 주성분인 석유 가공물 역청은 망치로 내려치면
부서질 정도여서 얼핏 고체처럼 보이지만, 실제로는 점성이
매우 높은 액체다. 이를 증명하기 위해 고안된 '역청 방울
떨어뜨리기 실험'. 고체처럼 보이는 역청이 과연 물방울처럼
떨어질까?

첫 번째 역청 방울이 떨어지는 데 걸린 시간은 8년 2개월.
두 번째 역청 방울이 떨어지기까지 다시 8년 2개월이 걸렸다.
역청의 점성은 꿀보다 200만 배 높기 때문이다. 그리고
세 번째 역청 방울이 떨어지기 전, 토머스 파넬 교수는
세상을 떠났다.

이후 그의 실험은 한동안 잊혀졌다. 그러다 1961년,
30여 년 만에 그의 실험이 발견된다. 그리고 그 실험은
90년을 넘어 지금까지 이어짐으로써 역사상 가장 오랫동안
진행 중인 과학실험으로 기네스북에 등재되었다.

"호기심은 과학의 핵심이며,
이 실험은 사람들의 호기심을 자극합니다.
실험은 계속되어야 합니다."

— 존 메인스톤(두 번째 실험 관리자)

2514년 스코틀랜드 에든버러대학 생물학자 중 누군가는
500년 된 건조 박테리아를 꺼내야 한다. 박테리아의 수명을
알아보기 위해 2014년 시작된 '500년 실험 프로젝트'는
수백 년 동안 이어질 것으로 예상되는 세계 최장기 연구
프로젝트다.

"지구 생명체의 능력은 인간 기준으로는 측량할 수 없는
규제가 많기에, 인간 수명을 넘어서는 장기적인 연구가
매우 중요하다."

— 랄프 묄러(독일항공우주센터 우주미생물학연구소그룹장)

몽상가로 조롱받던 고더드,
아폴로 11호의 달 착륙으로 명예를 회복하다

1970년 미국 과학자들은 529종의 새들을 관찰하고 그 내용을 기록했다. 이 연구는 장기간에 걸쳐 이루어져서 1세대 연구자들이 은퇴한 후, 그의 제자들인 2세대, 3세대 과학자들이 뒤를 잇고 있다. 미국 코넬대 조류학연구소 수석연구원이 이끄는 연구팀은 2019년에 이르러서야 '50년간 미국과 캐나다에 서식하는 새의 개체 수가 29퍼센트 줄었다'는 연구 결과를 국제학술지 《사이언스》에 발표했다.

이처럼 과학자들은 장기적인 관점에서 수십 년간 실험을 계획한다. 세상과 미래를 향한 끝없는 호기심으로 결코 실험을 포기하지 않는다. 우주 시대도 과학자들의 이러한 열정과 헌신적인 연구에 힘입어 성큼 다가왔다.

2020년 노벨 물리학상은 우주에서 가장 극적인 현상으로 꼽히는 블랙홀 연구자 3명에게 돌아갔다. 영화 속 블랙홀은 시공간을 초월한 여행을 가능하게 하는 통로다. 영화 〈인터스텔라〉도 웜홀(블랙홀과 화이트홀을 연결하는 우주 시공간의 구멍)을 통한 시공간여행의 가설을 시각적으로 묘사해냈다.

블랙홀은 아인슈타인조차도 확신하지 못한 '개념'에 불과했으나 이들 3인의 과학자들은 블랙홀이 실존한다는 사실을 밝혀냈다. 옥스퍼드대학 로저 펜로즈Roger Penrose 교수는 우주에서 블랙홀이 형성될 수 있음을 이론적으로 증명했다. 아인슈타인의 일반상대성 이론이 지배하는 우주에서는 반드시 '특이점'이 존재한다는 사실을 수학적으로 밝힌 것이다. 펜로즈 교수는 1960년대 말 스티븐 호킹과 공동 논문을 발표하며 '호킹-펜로즈 이론'을 낸 것으로도 유명하다. 스티븐 호킹이 생전에 마무리하지 못한 이론을 그가 완성한 것이다.

라인하르트 겐첼Reinhard Genzel 교수와 앤드리아 게즈Andrea Ghez 교수는 1990년대 중반부터 우리은하 중심에 있는 '초대질량 블랙홀'을 연구해왔다. 특히 초대질량 블랙홀 주위를 도는 별이 아인슈타인의 일반상대성 이론대로 궤도를 그리고 있다는 사실을 망원경으로 처음 관측했다. 그동안 이론적으로만 존재 가능성이 입증됐던 블랙홀의 존재가 최초로 관측된 것이다.

우주를 향한 과학자들의 도전은 때론 무모하고 어리석다는 비판을 받았다. 현대 로켓의 아버지 로버트 고더드Robert Hutchings Goddard. 그는 1926년 액체 연료 로켓을 최초로 발사한 과학자인데 한때 '몽상가'라는 혹독한 조롱을 당해야 했다. 고더드는 1919년

스미스소니언연구소를 통해 발행된 「극한 고도에 도달하는 방법」에서 달에 도달할 수 있는 로켓의 개발 가능성을 언급했다. 하지만 1920년 《뉴욕타임스》는 '맹신에 의한 심각한 왜곡'이라는 제목의 사설로 고더드를 '고등학생 수준의 기초 지식도 갖추지 못한 과학자'라고 조롱했다.

그로부터 50년 뒤인 1969년 7월 20일. 우주선 아폴로 11호가 달 착륙에 성공해 닐 암스트롱Neil Armstrong이 달 표면에 도착했다. 《뉴욕타임스》는 고더드를 혹평했던 기사를 취소하는 사과문을 발표했다. 그러나 고더드가 세상을 떠난 지 20여 년이 흐른 후였다.

우주의 탄생부터 인류의 미래를 밝힐 위대한 발견을 한 과학자들은 고더드처럼 당대 사람들에게 조롱과 멸시의 대상이 되기도 했다. 또는 언제 끝날지 모르는 실험과 실패를 거듭하는 난관 속에서 일생을 보내기도 했다. 하지만 이들의 도전과 끈기가 없었다면 우주는 영원히 미지의 세계로 남아 있었을지도 모를 일.

참고 자료

「캐나다의 15세 소년, 별자리로 멕시코 정글 속 마야 도시 찾아내다」, 《경향신문》, 2016년 5월 12일 | 「최소 20년~반세기 걸리는 '장수 연구'를 아시나요」 《동아사이언스》, 2019년 9월 23일 | 「이름 대신 실험을 남긴 과학자, 세상에서 가장 긴 실험」, 《과학기술정보통신부》, 2019년 7월 12일 | 「노벨 물리학상에 '블랙홀 증명' 英 펜로즈 등 3명」, 《연합뉴스》, 2020년 10월 6일 | 김형근, 『유레카의 순간들』, 살림출판사, 2017년 | 크리스천 데이븐포트, 『타이탄』, 한정훈 옮김, 리더스북, 2019년

그의 첫 번째 로켓과 함께한 고더드

미지의 세계를 가로지르며
우주 항해의 돛을 올리다

도달하고 싶은 세계

722킬로그램의 무겁고 차가운 몸. 의지할 것은 3개의
원자력 전지뿐인 그는 지구의 메시지를 지닌, 인간이 만든
물체 중 가장 멀리 오래 날아간 여행자 '보이저 Voyager 1호'다.
1977년 그에게 주어진 임무는 176년 만에 오는
태양계 행성의 정렬에 맞춰 목성 이후의 행성들을 탐사하는
'행성 간 대여행'.

보이저 1호는 현재 인류의 힘으로 도달할 수 있는 가장 먼
행성인 목성에 650일 만에 도착했다. 지구의 1,300배가 넘는
크기를 한 달간 탐사하며 목성 중심에서 약 35만 킬로미터까지

다가간 그가 바라본 풍경은 경이로웠다.

이제 남은 건 방향을 바꿀 연료뿐이지만, '스윙바이Swingby 기법'으로 목성 중력에서 시속 6만 킬로미터의 속도 증가를 얻었다. 이 기법은 새총 쏘기와 유사하다. 행성의 중력을 이용해 우주선이 가속을 얻는 방법이다. 우주선이 행성의 중력장을 이용해 궤도를 근접 통과하며 궤도 수정을 하는 것이다. 목성에서 시속 6만 킬로미터의 추진력을 얻어 총알 속도의 17배인 초속 17킬로미터로 여행을 지속했다.

그리고 이듬해에는 토성에서 12만 킬로미터 지점까지 접근해 1,000개 이상의 선과 대부분 얼음 알갱이로 이루어진 토성의 고리를 관측했다. 보이저 1호의 공식 업무는 행성의 비밀을 밝히며 종료되지만 항해는 이어진다.

현재 그가 있는 곳은 초속 30만 킬로미터의 빛이 20시간 걸려 도달할 수 있는 '심우주'. 우주 너머 닿을 수 있는 곳까지 인간이 만든 물체 중 가장 멀리 오래 날아간 보이저 1호.

약 300년 후 그는 지구와의 연결이 끊긴 채 혜성들의 고향

오르트 구름 사이를 3만 년 동안 비행할 예정이다. 약 7만 년 후에는 18광년 떨어진 기린자리의 글리제 445 별을 1.6광년 거리에서 지날 것이다. 이후 10억 년 이상은 그 어떤 방해도 받지 않고 우리은하의 중심을 돌 것이다.

가장 작은 우주선, 우주복

낮 최고 기온 127도, 밤 최저 기온 영하 173도.
대기가 거의 없는 달에 최초로 발을 디딘 우주인들.
아폴로 11호의 역사적 비행 속 주역들과 함께 주목받은
것이 있으니, 바로 '우주복'이다.

2019년 10월 NASA는 달 탐사 계획인 '아르테미스
프로젝트'에 쓰일 우주복 콘셉트를 공개했다. 닐 암스트롱이
입었던 우주복과는 달리 베어링을 이용해 움직임이
자유롭다. 이 우주복 개발 비용은 2억 달러 이상으로,
이 금액은 인공위성 1기 개발 비용과 비슷하다.

우주복은 단순한 작업복이 아닌 우주비행사를 보호하는
'우주선' 역할을 한다. 우주에서 생존하고 통신할 수 있는
장치가 우주복에 있다. 평균 온도 영하 270도, 진공 상태의
우주는 치명적인 방사선 위협 때문에 맨몸으론 단 1분도
견딜 수 없는 극한의 공간이다.

우주복은 지구에서처럼 호흡하고 활동하는 환경을 제공한다.
산소를 공급하고 우주인이 배출한 이산화탄소를 제거한다.
무엇보다 중요한 것은 일정한 온도와 압력을 유지시켜주는
것이다. 이러한 생명 장치인 우주복은 그 제작 과정도
특별하다.

우주복 몸체는 서로 다른 기능을 하는 직물들이 여러
겹으로 겹쳐져 있다. 우주복을 몸에 밀착시키는 스판덱스층,
냉각수를 흘려보내는 층, 공기를 품고 있는 우레탄층,
압력 차로 인해 공기가 부풀어오르는 것을 막는 테크론층
등이 있다. 냉각 기체가 흐르는 속옷은 우주복 내부의
온도 상승을 막고, 피부에 닿는 부분은 수영복처럼
신축성이 있는 스판덱스다. 가장 까다로운 부분은 장갑이다.
우주인의 성공적인 활동을 위해 섬세한 손놀림이 가능한

관절 고리와 외부 온도를 버틸 수 있는 발열 장치를
갖춰야 한다.

닐 암스트롱이 달에 갔던 당시에 선외 활동 가능 시간은
'6시간 30분'. 최근 공개된 선회 활동 가능 시간은
'8시간'이다. 우주탐사에 대한 세계적 관심은 민간기업의
우주복 개발로 이어져 더욱 고도화된 기술이 적용되고 있다.

'사람 모양의 작은 우주선' 혹은 '1인 지구'로 불리는 우주복.
우주비행사와 함께 그 누구보다 먼저 우주 항해를 하는
우주복은 이제 또 다른 변신을 꿈꾸고 있다.

우 주 복 은
단순한 작업복이 아닌
우주비행사를 보 호하는
'우주선' 역할 을 한다.

소련의 마르스와 미국의 마리너,
우주 항해를 둘러싼 최초의 역사들

1960년 10월 소련에서 '마르스'라는 인류 최초의 행성 탐사선을 발사한 이후, 1962년에는 미국에서 금성 탐사선 마리너 2호가 임무 수행에 성공했다. 인간이 행성 탐사를 위해 우주선을 쏘아올린 지 60년이 넘었다. 그런데 주로 지구에서 가까운 금성과 화성 위주였고, 지구에서 멀리 떨어진 목성 이후의 행성까지 보낸 탐사선은 많지 않다.

그동안 수많은 행성 탐사선들이 우주로 향했지만 가장 멀리, 가장 오랫동안 우주를 항해한 것은 1977년 9월에 발사된 '보이저 1호'다. 보이저 1호는 목성, 토성 등의 외행성 탐사를 마친 후 2005년 무렵에는 '헬리오시스Heliosheath'라 불리는 태양계 끝자락까지 이르렀다. 헬리오시스는 우주로부터 날아오는 높은 에너지의 입자들로부터 태양계를 보호하는 공간으로, 태양계와 바깥 우주공간의 경계 지역이다.

현재는 심우주를 여행하고 있다. 지구에서 무려 210억 킬로미터 이상 떨어져 있고, 지구와 태양 사이 거리의 140배에 달하며,

빛의 속도로도 20시간이 걸리는 거리다.

보이저 1호보다 보름 먼저 발사된 쌍둥이 탐사선 '보이저 2호'는 반대 방향으로 약 180억 킬로미터 정도 떨어진 곳을 항해하면서 성간 우주 진입에 성공했다. 그런데 2020년 전력 사용량 초과로 일부 기능이 작동하지 않아 '우주 미아' 신세가 되었다.

NASA는 보이저 2호의 지구 관제소 역할을 하던 호주 캔버라 기지국의 전파 안테나 DSS43의 성능 개선 작업이 완료되자 보이저 2호에 테스트 신호를 보냈다. 보이저 2호가 오랜 기간 지구로부터 명령을 받지 않을 경우, 스스로 동면 상태에 들어가도록 설계됐기 때문에 이를 막기 위해서였다. 다행히 당시 보이저 2호는 34시간 만에 "콜"이라는 인사와 함께 통제관이 보낸 명령을 실행해냈다. 태양계 탐사선 보이저 2호의 교신이 11개월 만에 재개된 것이다.

인류가 만든 비행체로는 우주의 가장 먼 거리에 도달한 보이저 2호. 지난 40여 년 동안 목성·토성·천왕성·해왕성 등을 찾아 우주여행을 하고 있으며, 보이저 1호에 이어 성간 공간으로 건너간 두 번째 인공우주선이 되었다.

인류 최초의 우주비행사는 누구일까? 그는 우주인들이 존경하는 우주인 유리 가가린Yurii Gagarin이다. 키 157센티미터의 아담한 체구를 가진 스물일곱 살의 항공학도 유리 가가린. 그는 1961년 4월 12일 러시아가 쏘아 올린 보스토크 R-7 로켓 꼭대기의 캡슐에 탑승해 1시간 29분 만에 지구의 상공을 일주함으로써 마침내 인류 최초의 우주비행에 성공했다. 유리 가가린은 일약 전 세계의 영웅이 되었다. 그의 존재는 인공위성(스푸트니크 1호)에 이어 유인 우주비행까지 선수를 빼앗긴 미국을 자극했다. 앞서 나간 소련과 자존심 상한 미국이 맞붙음으로써 본격적인 미·소 우주 경쟁 시대의 막이 올랐다.

유리 가가린은 1968년 정기 훈련 비행에서 전투기 충돌 사고로 목숨을 잃고 만다. 2021년에는 가가린의 우주비행 60주년을 기념해 그의 이름을 딴 러시아의 유인우주선이 국제우주정거장으로 발사됐다.

민간인 최초의 우주인은 누구일까? 바로 세계 최고 부자이자 아마존 창업자인 제프 베이조스다. 2021년 7월, 베이조스는 영국의 억만장자 리처드 브랜슨 버진그룹 회장보다 더 높은 고도 100킬로미터 우주에 도달했다. 유료 고객 1명을 포함해 우주탐사 역사상 역대 최고령(82세), 최연소 민간 우주인(18세)과 함께 비행하는 새로운 이정표도 세웠다. 이날 베이조스는 조종사 없는 완전 자동제어 로켓으로 우주를 다녀오는 기록도 세웠다. 본격적인 민간 우주관광의 시대, 새로운 역사를 쓰는 우주인들의 도전은 계속될 것이다.

참고 자료

「[이광식의 천문학+] 보이저 1호, 지구에서 가장 멀리 날아간 우주선」, 《나우뉴스》, 2017년 6월 2일 | 「태양계 끝으로 날아간 보이저 1호, 아직 바깥을 보진 못했다」, 《사이언스온》, 2013년 7월 2일 | 「170억㎞ 밖 '우주미아' 됐던 보이저 2호, 11개월 만에 교신 재개」, 《중앙일보》, 2021년 2월 24일 | 「나사, 2024년 달 탐사 앞두고 '유연한' 첨단 우주복 개발」, 《뉴스1》, 2021년 6월 9일 | 「세계는 처음 우주에 갔던 이 남자를 잊지 않았다」, 《조선일보》, 2021년 4월 9일

최초의 우주비행사 유리 가가린(1934-1968)

우주 생활에서
가장 골치 아픈 것은?

문제는 똥 덩어리!

"악, 똥이 날아다니고 있어."

"오 마이 갓!!!"

1969년 5월 NASA에서 발사된 유인우주선 아폴로 10호의
녹취록 속에 남은 놀라운 대화의 기록이다. 우주공간에서도
이어지고 있는 원초적 고민은 똥 덩어리.

"우주 생활은 즐거웠어요. 딱 하나, 대변 보는 거만 빼면요."
665일간 우주에 머물렀던 페기 윗슨Peggy Annette Whitson이
지구에 돌아와 남긴 우주 생활 에피소드도 단연

'똥' 이야기다. 이는 60년 전에도 21세기에도 해결되지 않은
우주적 과제다.

1960년대 NASA에서 만든 초기 배설 장치는 우주비행사들의
엉덩이에 테이프로 붙인 가방. 액체 살균제와 내용물이
섞이도록 직접 혼합하는 방식이었다. 소변 처리기는
'롤온 커프스'로 튜브, 밸브, 수거 봉지에 연결된 시스템인데
남자만 사용이 가능했다. 그러나 완벽하게 뒤처리를 하기엔
역부족이었고, '배설물 미제 사건'은 종종 발생할 수밖에
없었다.

무중력 상태에서 똥이 새어나가면 둥둥 떠다니다가 우주선
안의 기계를 오염시키거나, 총알보다 빠른 속도로 지구
궤도를 돌다가 인공위성이나 ISS와 충돌할 수도 있다.

1990년 미국 우주왕복선 컬럼비아호에 처음으로 설치된
우주화장실은 '폐기물 수집 시스템WMS, Waste Management System'을
활용한 것이었다. 진공 흡입 장치로 배설물을 끌어당겨 자동
밀봉시킨다. 4명의 우주비행사가 배출하는 1주일 분량의
폐기물을 저장소에 보관했다가 지구 귀환 우주선에 실어

대기권에서 태워버리도록 하는 방식이다.

우주비행사들은 고난도 무중력 배변 훈련을 반복하지만
결코 쉬운 일이 아니다. 이들을 위해 무려 2억 5천만 달러
(한화 약 2,800억 원)을 들여 특수 화장실도 만들었지만, 여전히
갈 길이 멀다.

NASA는 아르테미스 프로젝트를 앞두고 특별한 이벤트를
열었다. '달 화장실 아이디어 공모전'. 미세 중력과
달 중력 등 모든 조건에서 작동하는 더 효율적인 화장실을
개발하는 것이 주요 과제다. 우주를 향한 인류의 도전이
계속되는 한 해결해야 할 또 하나의 미션인 셈이다.

우주식량 고구마

영화 〈마션〉은 화성 탐사에 참여한 우주비행사가 홀로
우주기지에 낙오되어 생존하는 이야기를 담고 있다.
주인공이 온갖 지식을 동원해 재배에 성공한 작물은 감자다.
만일 감독이 고구마의 진가를 알았더라면 감자가 아닌
고구마를 심었을 것이다. NASA에 따르면, 고구마는 우주 시대
우주식량으로 선정되었다.

수많은 작물 중 왜 고구마일까? 인간은 하루 활동하는 데
필요한 칼로리 중 절반 이상을 탄수화물에서 얻는다.
고구마는 탄수화물이 풍부한 작물 중 가장 물을 적게 필요로

한다. 탄수화물을 당으로 천천히 변화시켜
당뇨 환자와 비만인에게도 도움을 주고 식이섬유가 많아
변비도 예방한다. 탄수화물, 칼륨, 비타민, 식이섬유 등이
풍부해 최근 '준완전식품'으로도 주목받고 있다.

우주식량, 고구마는 되는데 감자는 안 될까? 감자도
1995년에 우주식량으로 선정됐다. 그런데 감자는
고구마보다 항산화물질이 적고, 싹이 나면 가축도 먹을 수
없게 된다. 반면 고구마는 잎과 줄기 모두 건강식품이다.
2000년대 들어 감자보다 뛰어난 고구마의 우수성이
재발견되면서 새로운 우주식량으로 선정되었다.

"물이 부족하고 온도 변화가 심하며 토양의 영양이 부족한
우주기지에서는 감자보다 고구마가 유리하다."
— 곽상수(한국생명공학연구원 책임연구원)

2020년 1월, NASA와 캐나다 항공우주국은 장기 우주기지
생활에 필요한 식량 생산 시스템 아이디어를 공모했다.
주최 측이 제시한 기준은 '비행사 4명이 재보급을 받지 않고
3년간 우주 왕복 임무를 수행하는 동안 필요한 식량을 생산할 것,

투입하는 자원은 물론 버려지는 자원을 최소화할 것,
맛과 영양 그리고 안전성을 확보할 것'이다.

이 조건을 모두 충족하는 작물이 바로 고구마다.
미국 애리조나대학 과학자들은 달과 화성에서 농작물을
재배하기 위해 거대한 알루미늄 통 온실을 개발했다. 황량한
기후환경에서도 물만 사용해 농작물을 기르는 방법을 연구한
끝에 딸기, 토마토, 그리고 고구마 재배에 성공했다.
이 시스템은 언젠가는 달이나 화성 탐사에 사용될 것이다.

우주여행 패키지를 준비하는 다양한 민간기업이 늘어가는
상황에서 우주 생활은 먼 미래가 아닌 현실로 다가오고
있다. 오랜 기간 우주기지에서 생활하려면 우주인의 식량을
조달해야 하므로 우주기지에 적합한 우주식물 개발은 중요한
연구 테마가 될 것이다.

우주인들의 기상천외하고 슬기로운 생활 사전

2021년 9월 16일, 스페이스X가 본격적인 우주관광 사업에 나섰다. 민간인 4명을 태운 유인우주선 '크루 드래건'이 사흘 동안 지구의 궤도를 도는 여행에 성공했다. 음속인 시속 1,224킬로미터의 약 22배인 시속 27,359킬로미터로 지구 궤도를 비행하면서 90분마다 지구를 한 바퀴씩 돌았다. 우주선에는 탑승객들이 우주와 지구를 360도 관찰할 수 있도록 특수 설계된 투명 돔도 설치됐다. 가장 주목할 것은 전문적인 우주비행사 없이 민간인들만 탑승했다는 점이다.

최근 중국에서는 중국 우주비행사들이 실시간으로 전하는 '우주의 일상'이 큰 관심을 끌었다. CC-TV는 중국 우주정거장 '톈궁天宮'에 도착한 우주비행사 3명의 일과를 담은 특집 방송을 공개했다. 이 방송에서 사람들이 열광한 것은 웅장한 우주정거장과 유인우주선의 도킹 순간이 아니었다. 그보다는 '브이로그' 영상을 보는 듯한 중국 우주비행사들의 소소한 일상에 더 흥미를 보였다. 우주비행사들이 먹는 음식, 개인용품, 전자제품 등 낯설지만 흥미로운 '우주비행사의 일상'이 큰 화제가 된 것이다.

본격적인 뉴 스페이스 시대, 이제는 슬기로운 우주 생활에 대해서도 관심을 가져야 할 때다. 실제로도 우주복처럼 생존과 직결된 필수품뿐 아니라, 우주인의 지속 가능한 일상을 위한 먹을거리와 건강한 우주 생활을 위한 연구와 노력이 진행되고 있다.

2015년, 미국의 무인 화물 우주선인 '드래건'은 ISS에 커피머신을 택배로 배달했다. 이 커피머신은 이탈리아 커피 회사 라바짜와 우주식량 개발 업체 아르고텍 등이 무중력 상태에서도 고온, 고압이 가능하도록 만들었다. 이로써 '우주 커피 시대'가 열린 것이다. 뿐만 아니라 우주에서도 건강하고 즐거운 식생활을 영위할 수 있도록 우주식량도 다양해졌다.

과거에는 알약과 튜브 음식이 주류였다면 지금은 우주식량의 종류가 200가지가 넘는다. 구운 연어초밥, 토르티야 치킨 랩, 라면, 마카롱 등을 ISS에서 먹을 수 있다. 음식을 재배해서 섭취하는 것도 최근 우주식품의 트렌드다. NASA는 2015년 ISS에 수경 재배 장치를 마련해 적상추를 심었는데 33일 만에 첫 재배에 성공했다. 정밀 검사 결과 우주채소도 안전한 것으로 확인됐다. 별도의 온실을 마련해 양상추나 체리, 토마토, 딸기 재배에도 성공했다.

그런데 우주식량만큼이나 중요한 것이 우주선 내의 악취와 배

지금은 우주식량의
종류가 200가지가
넘는다. 연어초밥,
커리, 라면, 마카롱…

우주 생활에서 가장 골치 아픈 것은?

변 문제 해결이다. "우주선 내부의 냄새를 재현하고 싶다면 더러운 기저귀, 전자레인지에 돌렸던 음식 포장지, 사용한 멀미 봉투, 땀에 젖은 수건들을 낡은 금속 쓰레기통에 넣고 여름 햇살에 놔두면 된다." NASA 수석 엔지니어인 제이슨 허트Jason Hutt가 트위터에 올린 글이다.

이 문제를 해결하기 위해 NASA는 ISS에 깨끗한 물과 공기를 공급하는 '환경관리 및 생활지원 시스템ECLSS, Environmental Control and Life Support System'을 개발했다. 최근에는 화장실 개발에도 공을 들이고 있다. 최소 6개월 이상 ISS에 머무는 우주인에게 용변 해결은 임무 수행만큼이나 중요하기 때문이다. NASA의 이러한 노력에 힘입어 우주 생활은 보다 더 쾌적하고 편리해질 것으로 기대된다.

참고 자료

「우주정거장에서 가장 힘든 일 중 하나는 대변 보는 일이다」, 《허프포스트》, 2018년 5월 31일 ┃ 「아르테미스 우주비행사, 악취에 시달릴까?」, 《사이언스타임즈》, 2020년 10월 6일 ┃ 「다가올 식량위기에 각광받는 고구마, 고부가 바이오소재로도 쓰인다」, 《한경바이오인사이트》, 2021년 5월 19일 ┃ 「"메뉴만 120가지"… 中 네티즌을 열광시킨 실시간 '우주먹방'」, 《중앙일보》, 2021년 6월 28일

우주 시대로의 확장,
먹을거리에도 상상력과 혁명을

고기가 자란다

"닭의 가슴이나 날개를 먹기 위해 통째로 키우는 모순에서 벗어나
적당한 조건에서 필요한 부위들을 배양하게 될 것이다."
— 윈스턴 처칠Winston Churchill의 『50년 후Fifty Years Hence』 중

1931년 영국의 정치가 윈스턴 처칠은 자신의 책에 배양육의
미래에 대해 언급했다. 그로부터 80여 년 후, 2013년 런던의
한 방송국 스튜디오에서는 돔 뚜껑 아래에 있는 '무언가'를
보기 위해 모두가 숨죽이며 기다리고 있었다.

그날 공개된 것은 약 25만 유로(한화 약 3억 3,000만 원)짜리

세계에서 가장 비싼 햄버거 패티였다.

"기대했던 부드러운 질감은 아니지만 고기에 가까운 강렬한
맛이네요." 시식자들에게 이런 평가를 받은 것은
소를 도축해서 얻은 '고기'가 아닌 배양육이었다.

"전 세계 모든 도로의 교통수단을 합친 것보다 축산업의
온실가스 배출이 더 많다." 폴 샤피로의 『클린 미트』에
언급된 내용이다. 동물 학대와 환경 파괴라는 이중의
딜레마에 빠져 있는 오늘날 인류의 먹을거리는 갈수록
문젯거리가 되고 있다. '문제도 해결하고 맛있는 고기도
마음껏 먹을 수 있는 방법은 없을까?' 지속 가능한 미래의
식생활을 위해 과학자들의 고민이 시작되었다. 그 결과
네덜란드 마크 포스트 교수 연구팀은 2013년 증식과 분할을
하는 '근육의 줄기세포'를 이용해서 세계 최초로 배양육을
만드는 데 성공했다.

1단계 소 골격근에서 세포를 분리한다.

2단계 영양소가 풍부한 배양액에 넣어 근육세포로 증식시킨다.

3단계 세포에 전류를 가하여 실제 근육으로 자라게 한다.

4단계 고기를 수확하고 필요시에는 지방이나 향을 첨가한다.

기존의 육류 대체재인 콩고기와는 달리 실제 고기의 질감과 맛, 향을 모두 재현하는 데 성공했다. 그러나 문제는 혈청 배양액의 높은 가격이다. 이를 해결하기 위해 세계 각국의 연구소는 배양액을 미세조류로 대체하는 등 수많은 진화를 거듭하면서 배양육 기술을 돼지와 닭 등에도 적용하고 있다.

2020년 12월 싱가포르. 안전성 및 품질 검증 등 2년간의 검토 끝에 배양육은 새로운 식품으로 정식 인정을 받았다. 그러나 여전히 실험실에서 만들어진 고기에 대한 불안감과 안전성에 대한 우려가 제기되고 있다. 그렇다고 포기할 수는 없다. 옥스퍼드대학과 암스테르담대학의 공동연구 결과에서 알 수 있듯이 '배양육은 전통적인 고기에 비해 에너지를 35~60퍼센트 절약하고 땅을 98퍼센트 덜 차지하며, 온실가스 배출을 80~95퍼센트 감소시킬 수 있기' 때문이다.

"언젠가 우리는 할아버지 세대가 고기를 먹기 위해 동물을 죽이던 모습을 돌아보며 옛날에는 그런 시절도 있었다고 이야기할 것입니다."

—빌 게이츠

공장에서 농사를 짓는 게 가능해?

"공장에서 농산물도 생산한다고?"
날씨와 주변 환경의 영향을 많이 받는 농사를 안정적으로
짓기 위해 밭을 아예 공장 안으로 옮긴 사람들이 있다.

"비닐하우스랑 똑같은 거 아니야?"
비닐하우스가 비와 바람을 차단하는 구조물이라면
식물공장은 최첨단 기술로 만들어진 재배 환경을 제공하는
공간이다.

태양과 같은 존재로 특수 제작된 LED 조명은 식물의

광합성에 유익한 적색과 청색 파장을, 병충해가 싫어하는
적황색 파장을 제공한다. 식물이 자랄 때 필요한 빛의 파장을
연구해서 작물에 따라 맞춤 조절하는 것이다.

"실내에서 화초를 키우는 것과 뭐가 다를까?"
적절한 온도 안에서 식물 성장에 꼭 필요한 이산화탄소를
주입하고 양분을 포함한 배양액을 제공한다. 밀폐된 공간인
만큼 농약을 사용하지 않고 병충해를 차단하여 최적화된
맞춤 환경을 만드는 것이다. 이렇게 하면 공장에서 물건을
생산하듯 1년 내내 계획한 양의 농산물을 생산할 수 있다.

"현재 약 75억 명인 전 세계의 인구는 2050년이면
91억 명으로 증가한다. 이들을 부양하기 위해서는
70퍼센트의 식량 증산이 필요하다."

— 식량농업기구FAO, Food and Agriculture Organization of the United Nations, 2009년 발표

그러나 점점 더 심각해지는 이상기후로 인해 식량의
생산량이 오히려 감소할 것으로 예측되는 상황에서
식물공장은 미래의 식량을 책임질 수 있는 첨단기술 중
하나로 주목받고 있다.

남극의 세종기지에서는 식물공장을 이용해 과채류까지
재배할 예정이다. NASA는 2015년 우주정거장에 설치한
식물공장에서 로메인 상추를 재배하는 데 성공했다. 이는
우주에서 자급자족할 수 있는 희망의 신호탄인 셈이다.

1950년대 일조 시간이 부족한 북유럽에서 인공조명으로
식물을 재배한 것에서 시작된 식물공장. 이제는 지하철
역사에서도 볼 수 있을 정도로 우리 주변에 자리 잡았다.

'스페이스 푸드' 경쟁, 최강의 우주식량은 무엇인가?

달이나 화성에 장기간 체류하는 우주인은 자신의 거주공간을 관리하고 탐사에 필요한 과학실험에 집중해야 한다. 즉, 식량 문제를 해결하기 위해 채소를 재배하는 일 등에 시간을 많이 쓸 수 없다는 뜻이다. 그래서 ISS에 장기 체류 중인 우주인들은 주로 냉동식품을 비롯한 간편 음식을 먹어왔다.

하지만 이제는 우주 생활을 하면서도 신선한 채소와 과일을 먹을 수 있다. NASA는 1980년대부터 극한 환경에서 작물을 재배하는 기술 개발에 투자했다. 태양광을 대체하는 특정 조합의 LED 광원 기술, 밀이나 감자 또는 대두의 뿌리를 배양액에 담가 재배하는 기술도 개발했다.

독일항공우주센터 DLR, Deutsches Zentrum für Luft-und Raumfahrt 연구진도 스페이스 푸드 개발에 뛰어들었다. 2017년 남극의 엑스트롬 빙붕에 설치된 독일 노이마이어 과학기지에 컨테이너 2개가 도착했다. '남극 온실'이라 불리는 이 컨테이너에는 오이와 상추, 토마토, 무 등 채소를 재배하는 시스템이 갖춰져 있었다. 식물이 뿌리를 내리는 데 필요한 흙과 광합성에 필요한 태양 빛도 없었

스페이스 푸드 경정으로 인한 기술 발전 덕분에 우주 생활을 하면서도 이제 신선한 채소와 과일을 먹을 수 있게 되었다.

지만, 이 컨테이너에서는 첫해에만 약 272킬로그램의 채소가 수확됐다.

DLR이 남극 온실을 만든 이유는 우주와 유사한 환경에서 우주비행사가 식물을 재배해서 먹을 수 있는지 실험하기 위해서였다. '아르테미스 프로젝트'를 추진 중인 NASA는 최근 DLR의 남극 온실에서 재배된 채소 품종의 영양분과 생육 상태 등을 테스트하기 위해 연구원을 파견했다. 이 '남극 온실 프로젝트'는 인류의 유인 우주탐사를 지원하기 위한 기술 업그레이드를 진행 중인데, 지구에서 원격으로 운용 가능한 기술개발이 최종 목표다.

식물 재배뿐 아니라 배양육 개발도 스페이스 푸드의 다변화에 큰 기여를 하고 있다. 기후 문제 해결의 일환으로 시작된 축산업의 패러다임 변화는 인류가 고안한 가장 윤리적이고 영양가 높으며 환경적으로 지속 가능한 단백질 생산 시스템의 탄생을 알렸다.

줄기세포 기반의 '세포농업'은 영양소 함량이 훨씬 높고 전통적인 가축보다 탄소 배출이 훨씬 적은 소고기, 닭고기, 생선을 어디서나 생산할 수 있다. 환경 비용을 획기적으로 줄이는 배양육은 세상을 완전히 변화시킬 것이다. 나아가 새로운 우주식량으로도 자리매김할 것이다.

이스라엘 스타트업인 알레프팜스는 2019년, 지구에서 약 400킬로미터 떨어진 ISS에서 소고기 배양육을 만드는 데 성공했다.

알레프팜스는 3D 바이오프린터에 고기 세포를 넣어서 근육 조직으로 키워냈다. JAXA도 '스페이스 푸드 X' 프로젝트를 시작했다. 이는 달과 화성에서 식량 자급자족이 가능하도록 하는 사업이다. 2040년까지 인공배양한 소고기로 만든 스테이크와 세포배양 참치 초밥 등을 만든다는 목표를 제시했다.

민간 우주 시대에 우주에서 채소를 키우고 육류를 만드는 '스페이스 푸드'를 위한 연구개발 경쟁이 그 어느 때보다 치열하다. 우주에서도 자급자족이 가능한 환경을 마련하겠다는 것이다. 민간기업들이 잇따라 우주관광 사업에 뛰어든 시점에서 우주식량 시장도 우주개발에 따른 '스핀오프'로 새로운 비즈니스가 될 전망이다.

참고 자료

폴 샤피로, 『클린 미트』 이진구 옮김, 흐름출판, 2019년 | 「세포 키워 얻은 고기, 불판에 올리는 시대 온다」, 《동아사이언스》, 2021년 1월 4일 | 「콩고기에서 배양육으로… 세포농업 시대 '성큼'」, 《한겨레》, 2019년 5월 21일 | 「뉴노멀 시대, '식물공장'을 다시 생각하다」, 《프레시안》, 2018년 9월 4일 | 「우주産 고기·상추 나왔다… 불붙는 '우주식량' 경쟁」, 《조선비즈》, 2019년 10월 17일

Deep
Inside

또 다른 우주,
그곳에 닿고 싶다

자기만의 방과 정원,
누구나 '나만의 우주'는 있다

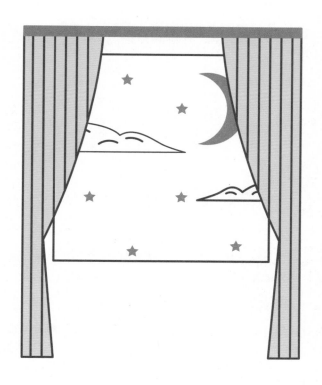

쾌락의 정원

한평생 쾌락을 좇은 철학자가 있다. 헬레니즘 시대의 그리스
철학자이자 유물론자 에피쿠로스Epicouros, BC 341~270.
그는 '진정한 쾌락'이라는 자신만의 우주에 이르기 위해
정원을 만들었다. 그곳이 추구하는 최선의 목적은 쾌락이었다.

철저한 신분제 사회였던 고대 그리스. 당시에는 엘리트의
지배를 옹호하고 신의 존재를 믿는 플라톤과 아리스토텔레스
철학이 대세였다. 하지만 가난한 농민 출신으로 신을
부정적으로 본 철학자 에피쿠로스는 목숨까지 위협받는다.
결국 아테네 교외로 떠난 그가 한 일은 정원을 가꾸는

것이었다. 그곳에 붙인 이름은 '정원 The Garden'. 그는
누구에게도 간섭받지 않는 지극히 사적인 공간에 숨어
소박하게 살며 두터운 우정을 나누는 철학 공동체를
만들었다. '이곳이 추구하는 최선의 목적은 쾌락입니다.'
이 정원 앞 표지판에 적힌 글이다.

쾌락의 이미지는 밤새도록 술을 마시고 사치스러운 소비로
흥청망청하는 것이다. 하지만 술은 숙취로, 허영은 빚으로
고통 받는다. 고통을 받는 것은 진정한 쾌락이 아니다.
에피쿠로스가 말한 쾌락은 '몸에 고통이 없고 영혼에
골칫거리가 없는 상태'를 가리킨다. 욕망에 흔들리지 않는
상태가 되면 '마음의 평화'에 이를 수 있다는 게 주장의
핵심이다.

**"내가 빵과 물로 만족하며 호사스러운 삶의 쾌락을 멀리할 때
신도 부럽지 않을 만큼 행복하다."**
— 에피쿠로스

당시 노예와 여성의 지위는 사고파는 물건에 불과했지만
에피쿠로스는 노예와 여성, 창녀들과도 함께 정원에서

생활했다. 이곳에서 탄생한 에피쿠로스의 '정원학파'는
플라톤의 아카데메이아, 아리스토텔레스의 리케이온에 이어
그리스에서 세 번째로 세워진 상설 교육기관이다.

에피쿠로스의 정원만이 인간을 평등하게 대했다. 학문을
갈고닦았을 뿐 아니라 과일과 야채를 손수 키우기도 했다.
단지 수확을 위해서만이 아니라 식물의 성장과 쇠퇴, 흙과
물, 공기, 햇빛의 균형 잡힌 상호작용을 배우기 위해서였다.
사람들은 점점 더 정원으로 몰려들었고 에피쿠로스의 철학은
지중해 전역으로 퍼져나갔다.

**"정원은 이들 모두에게 학교 이상의 것이었다. 그것은 학문의
공동체를 넘어서서 삶의 공동체, 정서적 공동체였다."**
—에피쿠로스의 『쾌락』 중

자기만의 방

"모든 여성이 자기만의 방을 갖는 날, 재능 있는 여성 시인은 우리 앞에 나타날 것입니다."

— 버지니아 울프Virginia Woolf

1882년 영국 런던의 유복한 가정에서 태어난 한 소녀, 버지니아 울프.《영국 인명사전》의 편집장이자 저명한 학자였던 아버지와 그의 생각을 그림자처럼 따르며 자기 생각을 품은 적 없는 엄마 밑에서 자랐다. 오빠와 남동생이 케임브리지대학으로 진학할 때도 부모는 "여자아이는 현모양처가 되는 게 낫다"라고 말했다.

독학해야 했던 작가지망생은 아버지가 세상을 떠난 후 22세에 비로소 익명으로 첫 서평을 발표한다. 1907년에는 언니와 함께 독립해 지식 교류 모임 '블룸즈베리' 클럽도 만든다. 그렇지만 아버지의 그늘에서 벗어날 수는 없었다. 제1차 세계대전이 발발하고 전쟁이 끝난 후에도 아무것도 달라지지 않았다.

1915년 첫 작품 『출항』을 발표한 후, 1922년에 나온 『제이콥의 방』에서는 새로운 소설 형식을 시도했다. 이를 더 완숙시킨 작품이 『댈러웨이 부인』이다. 이후 줄기차게 논쟁적 비평을 하는 동시에 소설 창작에 몰입한다.

그는 억압된 여성의 역사에서 벗어나 양성이 평등한 미래를 꿈꾸는 내용의 강연을 주로 했다. 나아가 여성이 자유의 문을 열 수 있는 두 가지 열쇠인 고정적 소득과 창작에 몰두할 수 있는 공간의 중요성을 강조했다.

"여성이 글을 쓰기 위해서는 1년에 500파운드의 돈과 자기만의 방이 필요합니다. 모든 여성이 자기만의 방을 갖는 날, 사라진 여성 시인은 우리 앞에 나타날 것입니다."

1929년 에세이 『자기만의 방』을 발표하면서 하찮게
여겨졌던 여성들이 삶을 기록할 새로운 형식을 발명했다.
'의식의 흐름 기법'은 현실의 외연이 아닌 인간 내면을
탐구하는 문학 양식이다.

"진정한 현실은 감춰진 내면의 목소리에 있다!"
여성, 노동자, 흑인… 당시에 목소리가 없던 세상의
소수자들에게 제 목소리를 돌려주고자 했던 작가 버지니아
울프. 인종, 계급, 이념이 여전히 대립하는 21세기에도
사람들은 버지니아 울프를 읽는다.

The Other Room, Vanessa Bell, 1930년 이후

나만의 우주, 무엇으로 채워야 할까?

불안과 우울, 분노와 절망… 코로나 시대, 마음의 방역에 비상이 걸린 우리에게는 안식처가 필요하다. 에피쿠로스의 정원처럼 연대와 성찰을 통한 치유와 성장이 가능한 '정원'을 만들어서 가꾸어나갈 필요가 있다. 에피쿠로스는 매일 자신이 만든 정원 안에서 제자들과 삶의 철학을 논했다. 흙을 뒤엎고, 허브에 물을 주고, 잡초를 솎아내면서 '행복'에 대해 성찰했고, 자연과 함께하는 삶에서 저절로 깨달음을 얻었다.

철학자 볼테르도 "우리의 정원을 가꾸자"라고 당부했다. 볼테르가 강조한 정원은 '나만의 일'이다. 그것이 인생을 견딜 만하게 해주는 유일한 방법이기 때문이다. '이러쿵저러쿵 따지지 말고 각자 할 수 있는 일을 찾아 자신만의 경작을 하자'는 메시지는 인생의 의미를 찾아나가는 방법 중 하나로 볼 수 있다.

고대 철학자와 문학가들은 왜 그토록 정원에 집착했을까? 정원을 가꾸어나가는 과정은 자신을 표현하고자 하는 인간의 기본적인 창조욕구를 반영하기 때문이다. 이는 인생을 가꾸고 성찰해나가는 것이자 자기만의 '우주'를 만들어나가는 과정이기도

하다. 어떤 노력을 기울이느냐에 따라 세계관이 달라질 수 있는 터전인 셈이다.

영국의 조경학자 톰 터너는 우리가 정원을 가꾸는 이유를 세 가지로 정리했다. '몸을 위해, 특별한 목적을 위해, 영혼을 위해.' 몸을 쓰면서 영혼을 다스리는 행위가 바로 정원 가꾸기인 것이다.

불안의 시대를 사는 현대인들에게 '에덴동산'은 각자의 삶 속에 있는지도 모른다. 내 몸과 영혼을 가꾸는 과정 자체가 에덴동산을 찾아가는 길이며, 나만의 우주를 채워나가는 것이 아닐는지.

타인의 방해를 받지 않을 나만의 세계, 고유한 우주가 깃든 방. 정신적 독립 공간으로서의 나만의 방은 무엇으로 채워야 할까? 버지니아 울프는 "자기 자신 외에는 어느 누구도 될 필요가 없다"고 말한다. '자기만의 방'은 자기다움을 발견하고 그것을 지켜나가기 위해 애쓰는 삶을 의미하는 것이다. 바로 나만의 우주를 발견하는 일이다.

자신만의 고유한 우주가 있다면 험난한 세상에서 홀로 맞닥뜨려야 하는 수많은 난관 앞에서도 쉽게 좌절하지 않을 것이다. 나만의 우주이자 자기만의 방은 위로와 치유뿐 아니라 다시 세상 속으로 걸어들어갈 용기를 얻는 성찰의 공간이기 때문이다.

참고 자료

안광복, 『처음 읽는 서양 철학사』, 어크로스, 2017년 | 「큰 생각을 위한 작은 책들(12) 에피쿠로스 『저작집』, 《포브스》, 2018년 | 「큰 생각을 위한 작은 책들(10) 버지니아 울프 『자기만의 방』, 《포브스》, 2018년 | 버지니아 울프, 『자기만의 방』, 이미애 옮김, 민음사, 2016년 | 김희정, 『버지니아 울프』, 살림출판사, 2004년 | 에릭 와이너, 『소크라테스 익스프레스』, 김하현 옮김, 어크로스, 2021년

Deep Inside

14

고흐와 김환기,
그들만의 우주를 엿보다

ON AIR
별을 그리는 마음 20210722 | 환기가 필요한 순간 20201203

Vincent van Gogh, The Starry Night, 1889, Oil on canvas

별을 그리는 마음

평생 우울증과 정신병에 시달린 화가 빈센트 반 고흐Vincent van Gogh. 그림 〈별이 빛나는 밤〉 속 소용돌이는 그의 고통을 표현한 것이다. 그런데 그동안 불안정한 정신 상태의 표현으로 여겨져온 그림 속 소용돌이에 대해 100여 년 후 과학이 새로운 해석을 더했다.

정신병원 쇠창살 너머 고흐의 눈을 사로잡은 유일한 빛은 까만 밤하늘에 빛나는 달과 별이었다. 그 달과 별자리의 위치를 정확히 표현한 이 작품을 완성한 1889년은 새로운 천문학 이론들이 등장하기 시작한 시기다.

당대 천문학자들은 우리은하가 우주의 전부일 것이라고
믿었다. 정말 그렇다면 다른 별처럼 점으로 빛나지 않고
소용돌이 모양을 그리는 천체들의 정체는 무엇인가?

19세기 천문학자 윌리엄 파슨스William Parsons가 그린
〈소용돌이 은하〉는 우리은하에서 약 3,000만 광년 떨어진
은하로, 가장 유명한 은하 중 하나다. 우리은하 너머에
또 다른 세계가 있으리라 믿었던 한 천문학자는 세계에서
가장 큰 망원경을 만들어 밤마다 소용돌이를 관찰하고
세밀한 삽화로 남겨두었다.

같은 시기, 고흐의 그림과도 정확히 일치하는 낯선 소용돌이.
그 후 오랫동안 누구도 소용돌이의 정체를 정확히 밝혀내지
못했지만, 1990년 고흐가 사망한 지 100년이 되던 해에
허블 우주망원경이 발사되었다. 그리고 마침내 허블
우주망원경에 소용돌이 은하의 모습이 포착된다.

100여 년 전 한 과학자와 예술가가 그려낸 소용돌이와 거의
유사한 패턴을 보였다. 그뿐만이 아니다. 고흐의 그림마다
등장하는 소용돌이 패턴을 픽셀 단위로 분석한 결과,

2004년 허블 우주망원경이 촬영한 목성의 대기 난류(기체나 액체의 불규칙한 흐름)와 정확히 일치했다.

"고흐는 천문학자처럼 밤하늘을 면밀하게 관측했으며
그의 그림들은 관측과 조사의 결과다."
— 찰스 휘트니(미국 천문학자)

고흐가 정신병원에 입원하기 전 프랑스에서 가장 많이 팔린
책 중 하나는 19세기 유명 천문학자이자 SF 작가 카미유
플라마리옹이 쓴 『대중 천문학』. 후대 과학자들은 누구보다
별에 관심이 많았던 고흐가 이 천문학 책을 탐독했으리라
추측했다. 우울한 감정의 표현으로만 해석되었던 불규칙한
점과 선은 어쩌면 누구보다 앞서 과학적 진실을 믿었던
한 인간의 고뇌였을지도 모른다. 그리고 우리는 여전히 그를
너무 모르는지도 모를 일이다.

"내가 요즘 그리고 싶은 건 별이 빛나는 밤하늘이야.
밤은 낮보다 훨씬 더 풍부한 색을 가지고 있는 것 같다. …
특히 이 밤하늘에 별을 찍어놓는 순간은 정말 행복했다."
— 고흐가 여동생에게 남긴 편지 중

Vincent van Gogh, Starry Night on the Rhone, 1888, Oil on canvas

환기가 필요한 순간

2019년 한국 미술품 경매 사상 최고가인 132억 원에 낙찰된
작품은 김환기의 〈우주〉다. 현대적이고 모던한 조형 언어,
타고난 예술적 기질과 불굴의 도전정신으로 20세기
한국 미술을 이끈 수화樹話 김환기.

"진한 색채와 간명한 색으로 조화를 꾀하는, 피카소적인 여운…
날카로운 예술적 감각."
—《경향신문》, 1952년 1월 25일

김환기는 '한국 최초의 추상화가'라는 평가를 받으며

이른 나이에 거장이 되었다. 하지만 그는 1956년 모든 것을
버리고 돌연 파리 유학을 선택한다. 동양미술의 불모지였던
파리에서 그는 한국의 미를 담은 그림을 선보이며
또 한 번 거장의 반열에 오른다.

파리에서의 성공적인 개인전 후 귀국한 그에게 동료인
미술사학자 최순우가 던진 한마디. "프랑스 물만 마시다 와도
모두 그림들이 홱 바뀌는데 환기의 그림은 조금도 변하지
않아서 좋다."

50대의 김환기는 안정된 삶과 완성되어가는 작품을 또다시
버리고 뉴욕으로 떠나 신인 화가가 된다. 하지만 1964년
뉴욕에서 첫 개인전을 연 그에게 쏟아진 것은
혹평 일색이었다. 작품 구매도 이루어지지 않았다.

**"갑갑한 느낌의, 추상에 가까운 풍경들이 끈적끈적한 안료의
겹겹 반죽 속에 빠져 오도가도 못하는 것만 같다."**
—스튜어트 프레스턴(《뉴욕타임스》 미술기자)

그러나 김환기는 뉴욕에 남았다. 50대, 과거의 명성과 지위를

뒤로한 채 현대미술의 전쟁터와도 같은 뉴욕에서 홀로
싸웠다. 만물의 근본적 형태를 고민하며 늘 새로운 화풍에
도전해온 그는 선과 도형을 버린다.

**"작가가 늘 조심할 것은 상식적인 안목에 붙잡히는 것이다.
늘 새로운 눈으로, 처음 뜨는 눈으로 작품을 대할 것이다."**
— 1968년 7월 2일

날짜가 적힌 노트를 매일 새롭게 채우며 자기 자신과 작품을
끝없이 해체한 끝에 무수히 많은 점을 남긴 60대의 화가.
"음악, 문학, 무용, 연극 모두 다 사람을 울리는데 미술은
그렇지가 않다. 울리는 미술은 못할 것인가?"
김환기는 스스로에게 질문을 던졌다. 그리고 날마다
정진하며 사람을 울리는 미술을 찾아 나섰다. 그렇게 시작된
헤매임.

'꿈은 무한하고 세월은 모자라고.'
— 1974년 6월 16일

세상을 떠나기 한 달여 전 일기장에 남긴 문장. 김환기는

한국의 미와 미술에 관심이 없는 이들의 가슴도 울릴 수 있는 그림을 남기기 위해 평생 자신을 버리기를 반복했다.

거장의 예술, 그 속에 깃든 우주적 상상력

37세로 짧은 생을 마감한 비운의 화가 고흐. 9년 남짓 화가의 삶을 살면서 그가 남긴 작품은 습작을 포함해 수천 점에 이른다. 그중 하나인 〈별이 빛나는 밤〉에는 고흐의 우주적 상상력이 고스란히 담겨 있다. 심신이 몹시 불안정했던 고흐는 친구 고갱과 크게 다툰 후 한쪽 귀를 잘랐고, 동생 테오의 제안으로 프랑스 생레미에 있는 정신병원에 머무르게 되었다. 〈별이 빛나는 밤〉은 그 병원에 있는 동안 남긴 작품 중 하나다. 1889년, 고흐는 창살이 있는 병원의 창문 너머 풍경을 스물한 번이나 보면서 이 그림을 그렸다.

그런데 이 작품은 널리 알려진 대로 우울하고 불안한 고흐의 감정을 담아내는 데 그친 게 아니라는 주장이 제기됐다. 소용돌이치는 우주의 신비로움에 매료되어 아름다운 밤하늘을 그린 것이라는 추측이 설득력을 얻고 있다. 하늘에 보이는 것 너머 우주를 꿈꾸며 그림을 그렸을지도 모를 일이다.

"별을 보는 것은 언제나 나를 꿈꾸게 한다."

사랑의 실패, 가족과의 불화, 살아생전 인정받지 못했던 예술

Vincent van Gogh, Van Gogh self-portrait dedicated to Gauguin, 1888, Oil on canvas

성 그리고 가난…. 그의 삶은 비극과 불행으로 점철되어 있다. 밤
하늘의 별과 미지의 세계인 우주는 고단한 그의 삶에서 유일한
안식처였을지도 모른다.

고흐가 안식을 얻었던 별이 빛나는 하늘 저 너머, 광활한 미지
의 세계인 우주에 대한 갈망은 그의 예술에 대한 끝없는 열정의
원동력이 되어주었을 것이다. 수많은 거장들이 불우한 생을 살
면서도 창의성과 상상력을 끌어내기 위해 혼신의 힘을 다했던
것도 자신만의 우주를 향한 열망 때문이었으리라.

1956년 9월 서대문 서울적십자병원 시신안치실 칠판에 어느
무연고자의 부고가 떴다. '오후 11시 45분. 간장염으로 입원 중
사망. 이중섭 40세.' 그는 비운의 천재 예술가이자 한국을 대표
하는 근대미술가다. 고흐와 마찬가지로 가난과 외로움으로 고통
받았으며, 요절 후 작품은 그 진가를 인정받았다.

이중섭에게 삶은 곧 예술이고, 예술은 곧 삶이었다. 화가라서
그림에 매달린 게 아니라 그의 삶을 지탱시키는 원동력이자 구
원이었기에 그림을 그릴 수밖에 없었다.

고흐와 이중섭. 동서양의 두 대가는 삶 전체를 오롯이 화폭 안
에 담아내며 불행한 시간들을 견뎌냈다. 이들에게 예술가로서의
삶은 현실이 아닌 미지의 세계와 다름없지 않았을까. 세상에 없
던 것들을 창조하는 예술가들의 삶. 미래를 향한 불투명한 꿈, 희

망, 알 수 없는 우주를 가슴속에 품었기에 삶을 지속했는지도 모른다.

우리는 누구나 하늘을 올려다보면서 생각의 폭을 넓혀왔다. 그 결과물은 신화의 시대를 거쳐 문학, 철학, 역사, 과학으로 확장되면서 번성해왔다. 오늘날은 우주가 완벽한 미지의 세계였던 시대를 지나, 사람이 우주로 여행을 떠나는 시대다. 하지만 여전히 별이 가득한 밤하늘과 그 너머 우주의 세계는 가슴 설레는 상상력의 원천이 된다. 우주적 상상력이 인간과 시간의 한계를 뛰어넘는 창조의 근원인 이유다.

참고 자료

「[사이언스] 천문학자들이 해석한 고흐의 '별이 빛나는 밤에'」, 《비즈한국》, 2021년 5월 31일 │ 「우주에서 피어난 고흐의 명작 '별이 빛나는 밤'」, 《동아사이언스》, 2015년 12월 23일 │ 김환기, 『어디서 무엇이 되어 다시 만나랴』, 환기재단, 2005년 │ 「[문소영의 컬처스토리] 뉴욕타임스 혹평 극복한 김환기」, 《중앙일보》, 2016년 4월 11일 │ 김선지, 『그림 속 천문학』, 아날로그, 2020년

Deep Inside

15

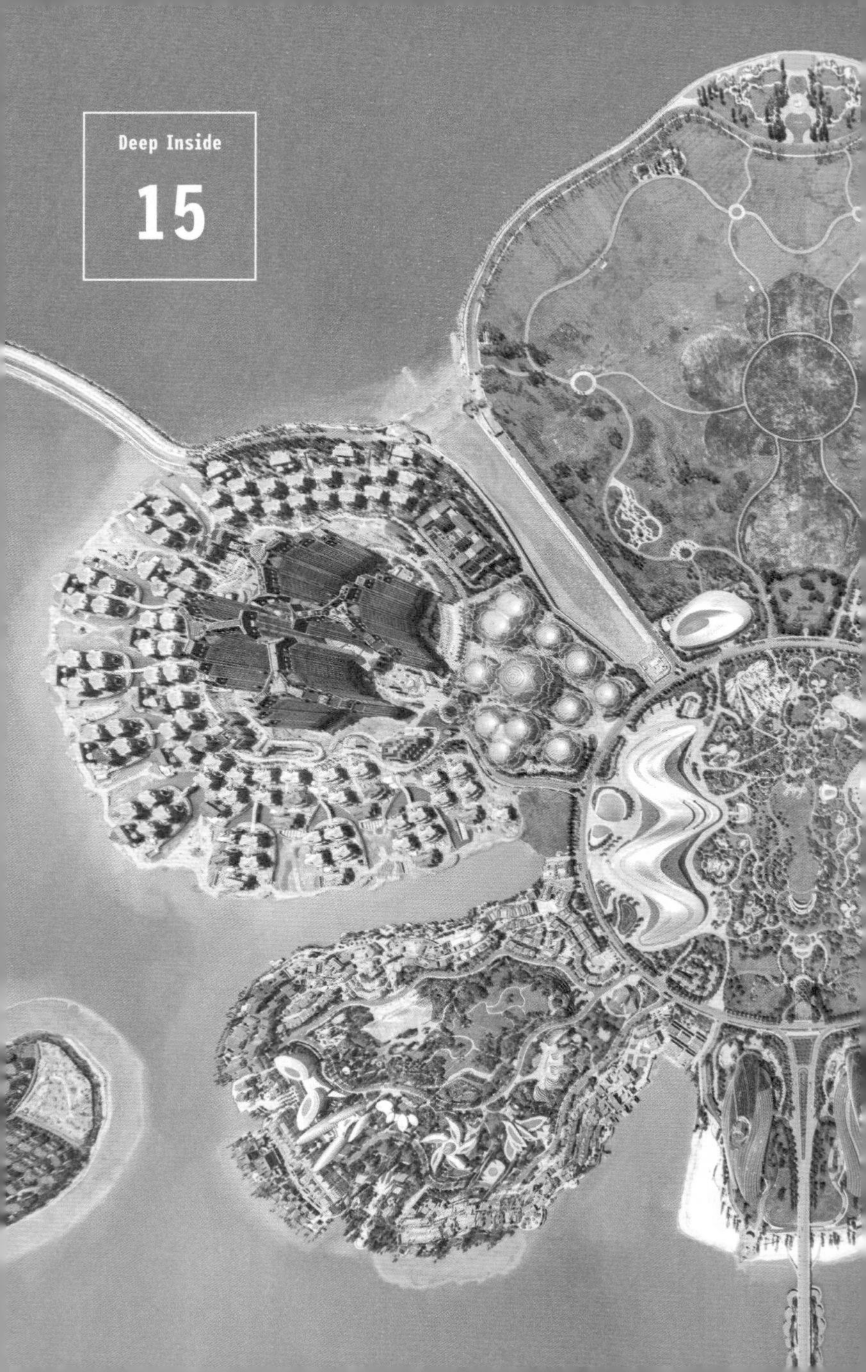

또 하나의 우주,
도시는 어디로 향해 가는가?

물 위의 도시

'2100년 해수면 2미터 상승 시 뉴욕, 뭄바이, 부산 침수.'
— 로버트 드콘토(매사추세츠대학 교수), 데이비드 폴라드(펜실베이니아주립대학 교수)

지구온난화를 방치해 남극 빙하가 급속히 녹는 최악의
상황을 가정할 경우, 2100년까지 해수면이 2미터 정도
상승해 뉴욕 등 저지대 해안도시 상당수가 침수될 수 있다는
연구 결과가 나왔다. 이제 전 세계의 도시는 해수면 상승에
따른 침수에 대비해야 할 때다.

네덜란드 로테르담의 작은 항구에는 물 위에 둥둥 떠 있는

느릅나무가 있다. 이는 곧 닥칠 미래를 준비하기 위한 '물 위의 숲' 프로젝트의 일환이다. 이름조차 '낮은 땅'이라는 뜻을 가진 네덜란드는 간척사업을 통해 끊임없이 도시를 확장해왔다. 하지만 매년 높아지는 해수면으로 새로운 도시 건설을 위한 고민이 깊어지고 있다.

대도시의 인구 증가로 흙을 쌓아 땅을 만드는 것이 더 이상 해결책이 될 수 없기 때문이다. 새로운 공간을 찾아야만 하는 네덜란드는 드넓은 바다 위에 새로운 땅을 떠우는 '부유식 인공섬 건설'을 선택했다.

과학자들에게 주어진 첫 번째 과제는 해상도시의 기반이 되는 물에 뜨는 인공지반의 개발이다. 과학자들은 삼각형 모듈로 인공섬 제작을 연구 중이다. 삼각형 하나하나가 일종의 축소된 인공섬으로, 파도가 치더라도 비교적 안정적이고 다양한 형태로 조립이 가능하다. 인공섬이 파도와 함께 움직이도록 작은 섬들을 연결하는 방식을 선택한 것이다. 섬을 하나로 만들면 섬 자체가 받는 힘이 세져 폭풍이나 파도가 거세게 몰아칠 경우 인공섬의 안전은 보장되지 않는다.

지반의 안전성은 생존과 직결되기 때문에 가장 안전한 지반 구조를 찾기 위해 1년간 실험을 반복했다. 그 결과 충격을 흡수할 수 있는 작은 섬들을 여러 겹 배치했다. 외곽에는 항구나 에너지 허브 등을 건설하고, 사람이 살기에 적합한 중심부에는 대규모 거주 시설 등을 건설할 계획이다.

일본의 그린플로트, 몰디브의 오션플라워, 미국 시스테딩…. 물에 잠겨가는 도시의 대체지를 찾기 위해 세계 곳곳에서는 해상도시 프로젝트가 진행 중이다. 하지만 여전히 남아 있는 과제들. 에너지를 어떻게 얻을 것인가, 폐수는 어떻게 처리할 것인가, 깨끗한 물은 어디서 얻을 것인가, 장기간의 수상 생활은 사람에게 어떤 영향을 주는가…. 이 과제들을 해결하기 위한 노력 또한 계속되고 있다.

**"2050년까지 100억의 인구를 부양하려면
인류는 새로운 곳, 바다와 관계를 맺어야 합니다."**
—미국 해상도시 프로젝트 협회

도시 이후의 도시

"도시의 말똥을 어떻게 처리할 것인가?"

1898년 제1회 국제도시계획 콘퍼런스의 주제는 말똥이었다.

거리를 가득 메운 마차와 말 20만 마리. 청소할 겨를도 없이

쏟아지는 말똥은 하루 2,000톤으로, 한 달이면

6만 톤에 달했다.

"말 없이는 생존할 수 없고 말과 함께 살 수도 없는 지경이

됐다."

"조만간 말똥이 맨해튼 건물 3층 높이까지 뒤덮을 것이다."

하지만 예고된 재앙은 일어나지 않았다. 4개의 바퀴를 가진
자동차의 등장으로 도시에서 마차가 사라졌기 때문이다.
1923년 한 해에만 자동차의 생산량은 2,055,299대에 이르렀다.
이동의 자유와 대중적인 교통수단은 발전을 거듭했다.
도시와 교외를 연결하는 고속도로 건설과 도로를 따라 형성된
도시 문명은 인류의 삶을 더 편리하고 더 풍요롭게
바꾸어나갔다.

지식과 정보가 집중된 도시로 사람들이 몰려들자 교통체증이
심해지고 온실가스가 증가했다. 집값이 치솟으면서 경제적
불평등 문제도 야기되었다. 모든 것이 집중된 도시로 인해
삶의 질이 점점 더 나빠지자 더 나은 도시를 향한 길 찾기가
시작되었다.

첨단 과학기술로 세상은 급속히 달라지고 있다.
사물인터넷, 스스로 배우고 학습하는 더 똑똑해진 인공지능,
인공지능으로 학습된 빅데이터로 실시간 정보를 주고받는
기술 등 삶의 패러다임이 바뀌었다.

숨 가쁘게 변화하는 인터넷 환경 속에서 세상은 달라지고 있다. 개인과 개인, 도시와 도시, 국가와 국가, 지구를 하나로 묶는 초연결 사회가 도래한 것이다. 스마트폰을 이용해 원격으로 집안일을 하고, 인공지능이 운전하는 자율주행 자동차로 출근한다. 인공지능 요리사가 만든 점심을 먹고, 인공지능 로봇이 배달해주는 물건을 받는 세상이 다가오고 있다.

상업화된 인체 삽입형 이동전화가 등장한다. (81.7퍼센트)
미국 자동차 중 10퍼센트가 자율주행 자동차다. (78.2퍼센트)
1조 개의 센서가 인터넷에 연결된다. (89.2퍼센트)
—2025년에 발생할 티핑 포인트,『세계경제포럼 2015』중 (응답자 비율)

사는 곳과 상관없이 어디서나 연결되는 스마트시티. 도시 이후의 도시가 우리를 기다리고 있다. 다가올 우주 시대, 집은 도시의 모든 것을 연결하고 도시의 많은 기능을 대신하는 공간혁명을 이룰 것이며, 도시는 무한한 확장과 연결로 새로운 플랫폼이 될 것이다.

직장인 석현 씨의 미래 도시 생활

2035년 서울, 직장인 김석현 씨는 매일 아침 AI비서의 알람 목소리를 들으며 잠에서 깬다. 영화 〈그녀Her〉에 나오는 사만다처럼, 하루 스케줄을 비롯해서 일상의 많은 부분을 AI비서와 함께한다. 잠에서 깬 후에는 스마트폰 앱으로 드론 버스를 예약한다. 샤워 후 드론으로 배달된 아침을 먹은 후 서둘러 출근 준비를 마치고, 자율주행 전기자동차로 드론 버스의 탑승 정거장인 버티포트Vertiport까지 간다.

하늘 위에서는 에어택시와 드론이 날아다니고, 도로 위에서는 자율주행 자동차들이 일사분란하게 제 갈 길을 가고 있다. 자동차 안 풍경도 완전히 달라졌다. 차 안에서 영상회의를 하거나 책을 보고 아침밥을 먹는 등 자유롭게 출근 시간을 활용한다. 버티포트에 도착한 후 주차는 AI비서에게 맡기고 승차 절차를 위한 구역으로 향한다. 안면 인식과 스캔으로 모든 승차 절차가 마무리되고 탑승객들은 드론 버스에 올라탄다. 하늘 위로 떠오른 버스는 단 5분 만에 그를 목적지에 내려놓는다.

두 아이의 엄마 최윤희 씨는 올여름 휴가지로 부산을 택했다. 서울에서 부산까지 16분이면 갈 수 있는 하이퍼루프가 개통되었기 때문이다. 아이들과 우주여행을 함께할 수는 없지만 가장 빠른 지상의 교통수단인 하이퍼루프만큼은 꼭 함께 경험해보고 싶었다.

미국의 주요 도시들도 이미 하이퍼루프로 연결되어 있다. 자동차로 6시간이나 걸리던 로스앤젤레스에서 샌프란시스코 간 여행길은 불과 30분으로 단축되었고, 스위스에서는 제네바를 출발해 취리히에 도착하기까지 17분이면 충분하다.

SF 영화 속에서나 볼 수 있었던 장면이 우리 눈앞에 펼쳐질 날이 머지않았다. 모빌리티 혁명이 본격화되면 10여 년 내에도 가능한 일이다. 이는 우주 시대를 앞당기기 위한 각종 첨단기술의 발전에 힘입은 것으로, 21세기 도시의 모습도 완전히 바꾸어놓는 중이다.

미래 도시의 가장 큰 진화는 교통수단의 변화에 따른 도시와 도시, 국가와 국가 간 초연결에 있다. 스마트폰과 사물인터넷, 인공지능을 비롯한 4차산업혁명 기술로 인해 사람과 사람, 사람과 사물도 초연결될 것이다.

독일의 인공지능 권위자 이본 호프스태터는 2020년에서 2030년 사이, 스마트폰 센서를 통해 전 세계 70억 명의 사람과 1,000억 개

미래 도시의
가장 큰 진화는
교통수단의 변화에 따른
도시와 도시,
국가와 국가 간
초연결에 있다.

의 사물이 연결될 것이라고 전망했다. 이는 단순한 기계적 연결이 아닌 데이터의 연결을 의미한다. 즉, 내 손 안에서 일상의 모든 공간과 시간을 지배할 수 있게 된다.

분산되는 도시의 기능, 신재생에너지의 보편화, 공유경제의 일상화, 사람과 국가 간의 초연결…. 미래의 지속 가능한 디지털 도시는 인류의 본격적인 우주 시대를 열기 위한 교두보 역할을 할 것이다.

참고 자료

제러미 리프킨, 『한계비용 제로 사회』, 안진환 옮김, 민음사, 2014년 | 프리드리히 폰 보리스·벤야민 카스텐, 『도시의 미래』, 이덕임 옮김, 와이즈맵, 2020년 | 「[나우뉴스] 제네바~취리히 17분… 스위스도 '시속 1,200㎞ 하이퍼루프' 만든다」, 《서울신문》, 2021년 8월 8일

지구 내부의 우주,
심해 탐사에 뛰어든 사람들

심해, 우주보다 낯선

심해는 달보다 가기 어려운 곳이다. 달에 다녀온 사람은
12명이나 되지만 수심 11,000미터 심해를 다녀온 사람은
겨우 3명뿐이다. 잠수를 위한 장비를 착용하더라도 인간에게
허락된 수심 약 40미터. 인간의 순수한 힘으로는 쉽게 갈 수
없는 깊은 바다가 바로 심해다.

수심 200미터가 넘으면 빛이 아주 조금 닿는 '약광층'이고,
수심 1,000미터가 넘으면 한 줌의 빛도 들어오지 않는
절대 암흑의 세계인 '무광층'이다. 태양의 복사열도
전달되지 않아 수온은 0도에 가깝다.

심해 탐사가 어려운 이유는 수심이 10미터
깊어질 때마다 1기압씩 높아지는 수압 때문이다.
《미국립과학원회보》(2014년)에 따르면, 수심 11킬로미터의
바다에 들어가려면 초대형 여객기 50대가 짓누르는 무게를
견뎌야 한다. 이처럼 심해는 지상에서는 상상도 할 수
없는 가혹한 환경이다. 그러나 한편으론 오랜 시간 인류의
호기심을 자극한 미지의 세계였다.

'과연 저 깊은 바다에는 무엇이 있을까?'
인류가 품어온 궁금증.

1872년 영국의 해양탐사선 '첼린저호'가 최초의
심해 탐사를 시작했다. 바다 밑바닥까지 닿는 그물을
던졌다가 끌어올리는 방법을 사용해서 무려 3년 반 동안
세계 360여 곳의 해양 자료를 수집하고, 새로운 해양생물
4,700여 종을 발견했다. 이후 약 20년에 걸쳐 총 29,500쪽,
50권의 보고서가 완성되었다.

첼린저호의 탐사 이후 바닷속에 직접 들어가려는 인간의
욕구가 커지면서 유인잠수정이 등장한다. 1934년, 미국의

동물학자 윌리엄 비비 William Beebe는 큰 배와 원형 잠수정을
강철 줄로 연결하고 버뮤다 해안에서 잠수해 908미터까지
내려갔다. 강철 줄 속에 전선을 심어 배와 통신도 시도했다.

"사방에 유령 같은 것이 나타났다."
"금빛 꼬리가 달린 해마와 긴 레이스 같은 바닷장어가
보인다."

잠수정 안에서 심해생물을 자세히 묘사하면 배 위의 화가가
듣고 그대로 기록한다. 이를 통해 심해 탐사의 새로운 장을
열게 되었다. 이후 세계 각국은 잠수정 개발을 계속하며 심해
생태계와 광물자원 연구를 해오고 있다. 전 세계 해양생물
기록 종은 약 33만 종으로 알려져 있다.(해양수산부, 2019년)

하지만 유엔환경계획의 보고(2010년)에 따르면 지금까지
인류가 탐험한 심해는 전체 심해 중 5퍼센트에 불과하다.

"심해는 여전히 낯선 지구 내부의 우주다."
— 김웅서(한국해양과학기술원 원장)

심해, 또 다른 세상을 발견하다

빛도 닿지 않는 깊은 곳. 그 어떤 생명체도 살 수 없다고 여긴 곳에서 인류는 완전히 새로운 생태계를 발견한다. 1964년 미국 우즈홀 해양과학연구소는 최대 10시간 잠수할 수 있는 유인잠수정 '앨빈Alvin호'를 개발해서 전 세계를 돌아다니며 심해를 탐험하기 시작했다.

1977년 갈라파고스 제도 인근. 아래로, 아래로, 아래로 내려가다 수심 2,700미터에 다다르자 과학자들의 눈앞에 놀라운 광경이 펼쳐진다.

"바닷속에 굴뚝이 있었고 검은 연기 같은 것이 피어오르고 있었어요."

차갑고 어두운 바닷속에서는 뜨거운 가스와 물이 끊임없이 솟아나고 있었다. 그것은 해저에서 최초로 발견된 열수분출공. 지구 내부에서 뜨거워진 물이 분출되는 열수분출공은 바닷속 온천이다. 그보다 놀라운 발견은 어떤 생명체도 살 수 없다 여겨졌던 깊은 바닷속, 뜨겁고 독성 가득한 열수분출공 주변에 서식하는 생명체들이었다. 그곳은 너무 깊어 햇빛이 도달하지 못할 뿐 아니라 수압이 매우 높고 평균 온도마저 낮은 극한의 환경이다. 생명체가 존재할 수 없을 듯한 극악한 환경에서 마치 외계 생명체 같은 기이한 생물들이 살고 있었다. 그중 가장 많았던 것은 사람 팔뚝만 한 두께로 2미터까지 자라는 거대한 관벌레.

'이런 극한의 환경에서 어떻게 생명체가 살 수 있는 것일까?'
열수분출공에서 솟아난 400도가 넘는 뜨거운 물이 분출 직후 차가운 바닷물과 닿으면 즉시 식어 다양한 생물 서식에 적당한 온도를 유지하게 된다. 이런 원리로 지구상에서 가장 특이한 생태계가 형성되는 것이다.

'태양광도 식물도 없는 곳에서 어떻게 생태계를 이루고 살아갈까?'

이후 장님새우, 관벌레 등에서 발견된 공생 세균 '황 박테리아'가 그 비밀의 답이다. 황 박테리아가 열수분출공에서 분출된 황화철을 화학합성하는데, 이때 황 박테리아가 생산한 물질에서 나온 영양분으로 살아가는 생물들은 광합성 없이도 생태계를 구성할 수 있다.

'그렇다면 외계 행성의 특수한 환경에서도 생명체가 살 수 있지 않을까?'

얼음으로 뒤덮인 표면 아래 바다가 존재할 가능성이 큰 목성의 위성 유로파와 토성의 위성 엔켈라두스. 위성의 바닷속에도 지구의 심해 속 열수분출공 주변과 비슷한 생명체가 있을 수 있다.

"열수분출공은 지구 생명체 탄생의 비밀을 풀 수 있는 열쇠이며 외계 생명체 존재에 대한 열쇠이기도 하다."

— 김웅서(한국해양과학기술원 원장)

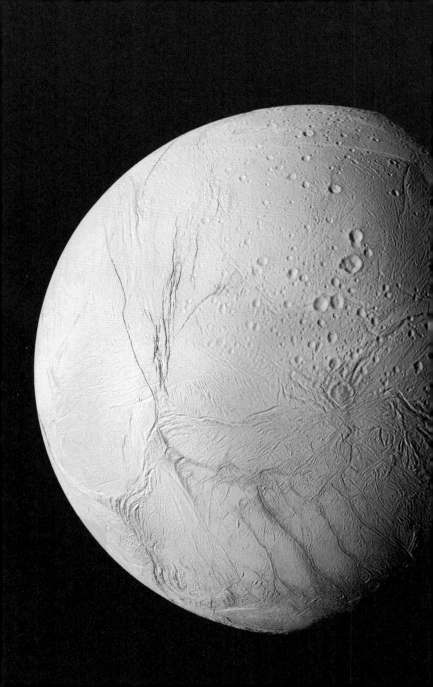

얼음으로 뒤덮인
표면 아래 바다가
존재할 가능성이 큰
목성의 위성 유로파와
토성의 위성 엔켈라두스.
위성의 바닷속에도
지구의 심해 속
열수분출공 주변과
비슷한 생명체가
있을 수 있다.

심해와 우주를 모두 탐험한 최초의 여성 과학자

우주보다 더 깜깜한 칠흑 같은 어둠, 아득한 심연이 배경인 영화 〈언더워터〉. 이 영화는 한 줌의 빛도 들어오지 않는 해저 11킬로미터에 갇힌 이들이 미지의 존재와 생존을 위해 벌이는 사투의 과정을 담고 있다. 우주만큼이나 신비한 비밀을 품고 있으며 약 95퍼센트가 탐사되지 않은 채 남겨진 미지의 영역인 심해. 이를 배경으로 하는 〈언더워터〉는 우주 영화와 많은 부분이 닮아 있다.

심해는 우주만큼이나 신비로운 세계이며 우주보다 더 많은 비밀을 간직한 곳이다. 그래서 '지구 내부의 우주'이자 외계 생명체의 존재에 관한 비밀이 담긴 공간으로 인식되고 있다. 그런 이유로 과학자들의 끝없는 탐구욕을 자극하는 곳이기도 하다. 또한 우주 광물자원 개발을 위한 경쟁만큼이나 심해 광물 역시 각 나라의 주요한 관심사로 부각되었다.

1874년, 챌린저호는 심해 탐사 중 망가니즈단괴를 발견했다. 망가니즈단괴는 수심 4,000~6,000미터의 심해저에서 주로 발견되는, 포도송이를 닮은 검은색 덩어리다. 망가니즈단괴 안에 들어 있는 망간은 철강 산업, 니켈은 화학공장 시설, 구리는 통신과 전력 산업, 코발트는 항공기 엔진 제작 등에 사용된다. 급격한 산업 발전으로 광물자원이 점점 고갈되어가고 있는 상황에서 심해 저의 광물자원 채굴을 위한 경쟁은 더욱 치열해질 것이다. 심해 개발에 전 세계가 뛰어들었다 해도 과언이 아니다.

바다는 지구 전체 면적의 71퍼센트에 해당할 정도로 광활하고 그 깊이는 해수면으로부터 11킬로미터에 이르는 곳이 있을 정도로 깊다. 인류는 이 바다를 개척하면서 미지의 대륙을 발견해왔지만, 바다 밑 세상은 아직도 미지의 영역이다. 인간의 호기심은 끝이 없는 법. 당연히 우주보다 낯선 심해를 개척하려는 이들의 도전 역시 끊임없이 이어질 것이다.

지구 밖 우주와 지구 안 우주를 모두 탐험한 최초의 인간이 있다. 그 주인공은 미국 여성으로는 처음으로 우주 유영에 성공한 전직 우주인 캐서린 설리번 박사. 설리번 박사는 1984년 10월 ISS 밖으로 나와 우주공간에서 떠다니는 우주 유영에 성공했다. 이어 2020년에는 잠수정 '리미팅 팩터'를 타고 지구에서 가장 깊은 곳인 챌린저 해연에 다녀왔다.

챌린저 해연은 일본과 파푸아뉴기니 사이에 있는 마리아나 해구에 있다. 깊이는 최대 10,984미터까지 측정된다. 에베레스트산을 바다에 넣어도 2킬로미터는 남는 깊이다. 그리스신화에서 죽

Mountain Everest
8,848m

Mariana Trench
10,984m

지구 내부의 우주, 심해 탐사에 뛰어든 사람들

음의 신인 하데스의 이름을 딴 '하데스 영역'이라고 불릴 만큼 생물이 살기 힘든 곳이다.

1960년, 미 해군 중위 돈 월시와 스위스 엔지니어 자크 피카르가 최초로 챌린저 해연 탐사에 성공했다. 이후 2012년에 영화감독 제임스 캐머런이 탐험에 성공했고, 설리번 박사는 세계에서 여덟 번째로 챌린저 해연에 도달한 사람이 됐다.

이날 설리번 박사는 ISS의 우주인 두 명과 통화를 했다. 우주공간에 있는 '우주정거장'과 지구 안의 우주를 탐험하는 '잠수정'이라는 두 우주선 사이의 대화는 남다른 의미가 있다. 인류가 가장 궁금해하는 두 미지의 세계를 최첨단 기술을 통해 탐험할 수 있는 시대가 왔음을 상징적으로 보여주었기 때문이다.

참고 자료

〈또 하나의 우주, 심해탐사〉, 《ebs 과학다큐 비욘드》, 2017년 10월 12일 | 데이비드 셸던, 『윌리엄 비비의 심해 탐험』, 고정아 옮김, 비룡소, 2013년 | 사이먼 윈체스터, 『태평양 이야기』, 김한슬기 옮김, 21세기북스, 2017년 | 「생명체 탄생의 비밀을 간직한 '열수분출공'」, 《KISTI의 과학향기 칼럼》, 2005년 11월 28일 | 「심해의 검은 노다지」, 《KISTI의 과학향기 칼럼》, 2006년 1월 30일 | 「[사이언스샷] 우주와 심해를 모두 정복한 여성 과학자」, 《조선일보》, 2020년 6월 9일

Dreaming

나는 오늘도
'우주'를 향해 떠난다

우주가 당신의 삶에 던지는 놀라운 메시지

불가능을 향한 도전을 멈추지 않는 사람들

진화하는 인간, 지구에서 새로운 꿈을 꾸다

우주여행의 순례자들이 남긴 메시지

우주가 당신의 삶에
던지는 놀라운 메시지

우주를 꿈꾸는 몽상가를 위한 여행 가방

'만약 당신이 달에 간다면 무엇을 가져갈 건가요?'
What's in your #NASAMoonKit?

1961년 보스토크 1호에 탑승했던 유리 가가린 이후, 꾸준히
우주로 향했던 인류에게 우주는 반드시 풀어야 할 숙제이자
가장 오래된 질문이다. 과거와 현재, 존재의 기원, 당기고
멀어지고 탄생하고 소멸하는 원리….
우주는 늘 그곳에 있지만 가닿을 수 없는 미지의 세계였다.
하지만 이제 우주는 우리 곁으로 성큼 다가왔다.

우주를 꿈꾸는 이들도 많아지고 있다. 우주를 유영하며
아름다운 은하계를 실제로 볼 수 있다면 어떨까? 우주에서
바라보는 지구의 모습은 얼마나 아름다울까? 지구에서
답답한 현실을 살고 있는 우리에게 NASA는 물었다.
'진짜로 우주여행을 한다면 무얼 챙겨야 하지?'

우선 먹을 것을 챙겨야 한다. 그런데 감자칩은 곤란하다. 뜯는
순간 부서지며 여기저기 흩날리기 때문이다. 신발은 하나면
충분하다. 바닥에 발이 닿지 않아 더러워질 염려가 없으니까.
가족사진은 인형에 꿰매두는 것을 권한다. 우주비행선
안에서는 모든 물건이 떠다니니 좀 더 잡기 쉬운 물건에
붙여두라는 의미다.

아름다운 순간을 담을 카메라, 내 상태를 업데이트할
휴대전화, 가족을 생각나게 하는 반지와 펜던트, 실물과
비교해볼 평면 천구도 그리고 그곳에 도착할 때 사용할 향수,
실수해도 지울 수 있는 지우개, 절망적인 상황에서 나를
이끌어줄 가이드 '도널드 덕'….
안젤리카의 가방은 다른 이들의 것보다 빼곡했다.
마르타의 가방은 그가 달에서도 외롭지 않게 도와줄 것들과

살아남기 위한 필수품, 그리고 음식들로 가득 찼다.

실제 우주비행사들에게 허락된 짐 공간은 신발 상자 정도
되는 크기로 작다. 그렇다면 나만의 '문키트MoonKit'는
무엇으로 채워야 할까?
바로 지금, 이 시기를 살며 상상해보자. 잠시 지구를
떠난다면 아마도 그 상자 안은 사랑하는 사람들과의
이야기와 추억으로 채워지지 않을까 싶다.

당연하게 누려왔던 일상 속 풍경, 사랑하는 이의 웃음소리,
가까이 두고 볼 수 있는 사진, 지구의 계절을 더 섬세하게
느끼고 자주 먹던 음식도 깊이 음미하면서 지금 당신을
이루고 있는 모든 것을 더 깊이 사랑하게 될지도 모른다.

우주의 목소리

"화성 탐사선에 마이크(녹음 장비)를 달아주십시오.
단 몇 분의 소리라도 화성에 대한 소중한 연구 자료가 될
것이며, 사람들은 화성에 큰 관심을 두게 될 것입니다."

세계적인 천문학자 칼 세이건이 사망 직전 NASA에 보낸
편지의 일부다. 이후 1999년 화성의 소리를 녹음하기 위한
최초의 시도가 이루어졌다. 시민들이 자발적으로 10만
달러의 기부금을 모아 제작한 특수 녹음 장치가
화성으로 간 것이다.

이 녹음 장치는 영하 140도의 화성 극지에서도 작동하도록
수년간 성능 테스트를 거쳐 '화성 극지 착륙선'에
부착되었다. 하지만 착륙선이 화성 대기권에서 추락하며
실패했고, 2008년 두 번째 테스트도 실패하고 말았다. 탐사선
'피닉스'가 화성 착륙에는 성공했지만 부착된 녹음 마이크가
지구와의 통신에 간섭을 일으켜 전원을 꺼버려야 했다.

그 후 오랜 인내의 시간이 지나 2021년 2월 19일
오전 5시 55분(한국 시각), 최초의 화성 토양 수집 탐사 로버
'퍼서비어런스'가 착륙에 성공했다. 마침내 수집한 화성의
바람 소리 18초. 이는 토양 샘플이 지구에 도달하는 10년과
맞먹는 시간이다.

NASA는 오래전부터 우주의 소리를 수집해왔다. 이는 화성의
독특한 기후 현상인 '모래 폭풍'의 근원지에 대한 중요한
단서뿐 아니라 다양한 정보를 제공해주고 있다. 화성의
지형을 파악해 토양 채취 지점을 조절할 수 있게 해주고,
화성 토양을 구성하는 암석의 질량과 성분 분석도 가능하게
해준다. 그뿐인가. 우주탐사선과 탐사 로버의 실패 확률을
줄이기 위한 노력에도 도움이 된다.

우주에서 포착된 신호를 '가청 주파수'로 변환한 소리는
탐사선 개발을 위한 소중한 연구 자료다. 그 안에서 때로는
독특한 음조와 반복되는 리듬이 발견되기도 하고, 휘파람을
불고 노래를 흥얼거리는 일상의 소리처럼 들리기도 한다.

NASA가 우주의 소리를 활용하는 또 다른 방법이 있다.
데이터 소니피케이션 Data Sonification. 우주의 이온화된 가스
플라스마에서 발생하는 다양한 전파 신호를 수신해
각 주파수에 어울리는 지구의 악기 소리로 바꾸는
기술이다. 우주에서 수집된 낯선 소리들이 인간에게 전하는
메시지는 무엇일까? 귀를 기울이려는 인내와 노력만 있다면
멀게만 느껴지는 낯선 존재와도 소통할 수 있다.

"인류는 언제나 외계 생명체와의 소통에 관심을 가져왔습니다.
그러나 그 전에 지구에 사는 다른 지적 생명체와의 소통이
우선시되어야 할 것입니다. 나와 다른 문화권에 속한 사람과
편견 없이 대화할 수 있다면 우리는 외계 생명체와도
소통할 수 있을 것입니다."
—칼 세이건

화성 탐사선에
마이크를
달아주십시오.
단 몇 분의 소리라도….

칼 세이건이 인류에게 남긴 마지막 말

우리는 누구나 밤하늘의 별을 보며 소망하는 것들을 떠올리곤 한다. 알 수 없는 저 먼 미지의 세계를 향한 인류의 오랜 열망은 우주에 초월적 의미를 부여해왔다. 그동안 우주는 그저 상상의 공간이었다. 망원경이 발명되면서 우리은하와 외부은하가 발견되고 우주의 범위는 점점 더 넓어졌다. 우주의 신비는 조금씩 밝혀지기 시작했고, 우주로 향하는 인류의 도전도 대담해졌다. 그리고 그 과정에서의 깨달음. 우주에서 바라본 지구를 통해 우주가 주는 메시지를 중요한 화두로 생각하게 되었다.

1990년 보이저 1호가 지구 밖 64억 킬로미터에서 찍은 지구의 모습은 칠흑 같은 어둠 속 '창백한 푸른 점 Pale Blue Dot'이었다. 당시 보이저 계획에서 화상팀을 맡았던 천문학자 칼 세이건은 이 사진을 찍기 위해 오랜 시간 동료들을 설득했다. 이 놀라운 사진은 우리은하조차 1조 개의 은하 중 하나에 불과하고, 거대한 우주조차 우리의 이해를 넘어서는 다중 우주의 작은 입자 하나에 불과할지 모른다는 사실을 상징적으로 보여준다.

"만약 우리가 누구이며 어디에서 왔는지를 온전히 이해할 수 있다고 생각하는 지점에 도달하는 순간, 우리는 사고와 경험의 다양성에서는 오히려 실패한 셈일 것입니다."

칼 세이건의 말처럼 우리가 오로지 이 행성만을 알고 있다면 우리는 이곳에 사는 생명에 관한 이해에서도 극도로 제한될 수밖에 없을 것이다. 나아가 한 가지 종류의 지적 능력을 알고 있다면 다른 지적 능력의 종류를 아는 데도 제한적일 수밖에 없을 것이다. 즉, 우주에 관한 관심은 우리의 시야를 넓혀주고 스스로를 지금보다도 더 잘 이해할 수 있도록 해준다.

우주는 여전히 경이로운 세계다. 우주가 우리에게 전하는 메시지는 단지 최첨단 기술이 밝혀낸 과학적 사실에 그치지 않는다. 그것은 광활한 우주 속에서 지구라는 작은 무대에 사는 우리의 삶을 성찰하게 하는 계기가 되어준다. 또한 우리의 삶이 매순간 경이로움으로 가득 차 있음을 은밀히 그러나 강력하게 깨닫도록 해준다.

오늘날은 전 세계가 혼돈과 단절의 시간을 보내고 있다. 이런 시기에 우리는 다시 한번 '창백한 푸른 점'의 우주적 메시지에 주목해야 한다. 칼 세이건의 아내이자 코스모스 스튜디오 CEO인 앤 드리앤Ann Druyan은 "각자가 가진 내면의 벽을 과학의 힘으로 무너뜨리고 우리 자신과 다른 생명, 지구를 소중히 대하는 성숙한 세계시민이 돼야 한다"고 말한다.

이는 현재 '지구가 당면한 현실의 문제도 해결하기 벅찬데 왜 우주에 많은 예산을 쓰는가'라는 질문에 대한 답이기도 하다. 우주 앞에서 인간은 겸손함과 호기심을 유지할 수 있다. 우리의 것이 아닌 지구를 미래 세대에 잘 물려주기 위한 노력도 중요하다. 드리앤은 "우주를 통해 우리 자신과 지구를 더 잘 돌볼 수 있는 통찰을 얻을 수 있어야 한다"고 강조한다. 코로나19와 환경 파괴 등으로 인류의 삶과 지구가 회복 불가능한 지경으로 망가지고 있는 상황에서 우주가 주는 메시지는 진정한 소통과 연대의 힘을 깨닫게 한다.

인류가 그토록 가닿고 싶어 하는 우주의 비밀. 그 비밀은 비단 우주라는 물리적 환경에 대한 정보만을 제공하지 않는다. 우주의 메시지는 연약한 지구에서 찰나의 시간을 살아가는 우리가 잊지 말아야 할 삶의 가치를 일깨워주는 데 있지 않을까.

참고 자료

「우주여행에 가져갈 수 없는 음식은?」, 《중앙일보》, 2017년 3월 5일 | 「138억 년 전 별도 행성도 없던 우주에서 들려온 기괴한 소리 첫 공개」, 《동아사이언스》, 2020년 10월 30일 | 「5억km '인내'의 여행 끝 화성 안착… 생명 흔적 찾을 흙 담는다」, 《동아사이언스》, 2021년 2월 20일 | 「5번째 화성 탐사 로버, 착륙 성공… 첫 흙 수집 나선다」, 《한겨레》, 2021년 2월 19일 | 「"빈부격차 문제 많은데 왜 우주에 많은 예산을 쓰느냐" 질문에…」, 《매일경제》, 2021년 3월 14일 | 칼 세이건, 『칼 세이건의 말』, 톰 헤드 엮음, 김명남 옮김, 마음산책, 2016년

칼 세이건과 바이킹

불가능을 향한 도전을
멈추지 않는 사람들

우주 궤도를 계산한 여인

1962년, 미국 최초로 유인 지구 궤도 비행을 앞둔 NASA.
당대 최고의 기술력이 동원되었고, 가장 중요한 '비행 궤도'는
지구상에 있는 컴퓨터 중 최고의 성능을 자랑하는
IBM 7090으로 계산했다. 그보다 더 정확하게 계산할 수 있는
기계는 없었다.

드디어 전 세계의 관심이 집중되는 순간, 우주선의
착륙 좌표에서 오류가 확인된다. 절체절명의 순간
비행사 존 글렌으로부터 뜻밖의 메시지가 온다. "그에게
확인시켜주세요. 그가 괜찮다고 하면 저도 괜찮습니다."

"OK." 캐서린 존슨Katherine Johnson이 IBM 컴퓨터의 계산을 검증한 후 최종 신호를 주자 그제야 존 글렌은 사상 첫 지구 궤도 비행을 떠났다.

우주 궤도를 계산한 여인, 캐서린 존슨. 2016년 개봉된 영화 〈히든 피겨스〉의 주인공인 그녀는 평생 동안 '흑인'과 '여성'이라는 두 가지 장벽과 싸우며 놀라운 업적을 이루어냈다. 부엌의 접시 개수, 교회로 가는 길의 계단 수… 존슨은 또래 아이들과 다르게 숫자의 매력에 빠져들었다. 열네 살 고등학교 졸업. 열여덟 살 대학 졸업. 명석한 캐서린 존슨은 천부적인 수학 능력을 가졌지만 그 뜻을 제대로 펼치지 못하고 있었다. 그녀를 가로막은 여성 그리고 흑인이라는 벽 때문에 졸업 후 교사와 전업주부로 지내고 있었기 때문이다.

그녀의 나이 35세, NASA의 전신인 국립항공자문위원회NACA, National Advisory Committee for Aeronautics에 엔지니어들을 돕는 계산원으로 취업한다. 하지만 그곳에서도 유색인종들로만 구성된 연구실에서 근무한다.

"흑인 여성용 사무실에서 근무하세요."
"화장실은 800미터 떨어진 유색인종 화장실을 이용하세요."
"커피포트는 백인과 같이 쓰지 마세요."

차별과 멸시가 공존하는 공간에서도 존슨은 묵묵히 자신의
일에 최선을 다했다. 궤도 비행의 문제점을 새로운 공식에
대입해 해결함으로써 궤도 계산의 새로운 비전을 제시했고,
미국은 그녀의 정확한 계산으로 우주비행 일정을 앞당길 수
있게 된다. 당시 개발된 컴퓨터는 해석기하학을 구현할 수
없어 우주선의 비행경로는 전적으로 그녀의 계산에
의지해야 했다.

1961년 미국 최초의 우주인 앨런 셰퍼드의 대기권 밖 비행,
1962년 존 글렌의 유인 지구 궤도 비행,
1969년 닐 암스트롱의 사상 첫 달 착륙. 이후 우주왕복선
계획에 이르기까지, 우주선의 비행 궤도를 컴퓨터로
계산하기 시작한 후에도 그녀가 마지막으로 검토해야
사람들은 안심했다.

'인간 컴퓨터'로 불리면서 우주 탐험을 이끌었던 수학자

캐서린 존슨. 33년간 NASA에서 일한 그녀는 1986년 은퇴했고, 버락 오바마 대통령은 2015년 대통령 자유훈장을 수여했다. 화성과 달, 유인 탐사 계획에 필요한 각종 궤도 계산을 책임지는 NASA의 산하 연구시설. 그곳의 이름은 '캐서린 존슨 계산연구소'다.

미국은 그녀의
정확한 계산으로
우주비행 일정을
앞당길 수 있었다.

불가능, 그건 아무것도 아니다

"무모한 도전이다. 국산 기술력만으로는 어렵다."
하지만 우리는 KF-21 시제기를 완성했다.

"경제적 효과를 장담할 수 없다."
하지만 우리는 국산 기술력으로 네 가지 핵심 기술을
개발했고, 주요 부품 장비의 국산화율 65퍼센트 이상을
달성했다.

지상 위의 전투가 전부였던 시절, 전투기의 등장은 전쟁의
양상을 바꿔놓았다. '공중우세'를 확보하기 위해 먼저

전투기로 1차 공격을 한 후 지상전을 벌였다. 공중우세에 결정적 존재인 전투기. 하지만 우리에게는 '우리가 만든 전투기'가 없었다.

전투기는 20~30만 개의 초정밀 부품으로 이루어진 최첨단 과학기술의 집약체다. 최소 10년 이상, 수십조 원에 달하는 천문학적인 예산을 투입해야 완성할 수 있다. 미국, 중국, 러시아, 일본, 스웨덴 등 세계 7개국만이 4.5세대급 전투기 생산이 가능했다.

"늦어도 2015년까지는 최신예 국산 전투기를 개발해야 할 것이다."
— 고 김대중 대통령의 2001년 공군사관학교 졸업식 연설 중

2015년 12월, 마침내 전투기 개발을 시작한다. 사실 초기 한국개발연구원KDI, Korea Development Institute이 내놓았던 보고서 결과는 '타당성 없음'이었다. 정권과 평가기관에 따라 뒤바뀌는 사업 타당성 때문에 개발 착수 결정까지 10여 년이 걸렸다. 개발 시작 후에도 숱한 난관이 기다리고 있었다. 미국의 핵심 장비 기술이전 거부, 공동 개발국인 인도네시아의 분담금 납부 지연 등.

"미흡한 국내 기술력으로 신규 개발에 돈을 쓰지 말고 개조해 쓰는 게 리스크도 없고 경제적이다."
"언제까지 남의 기술만 사다 쓰며 그들에게 끌려다닐 것인가?"

끝없는 논쟁과 곱지 않은 시선 혹은 무관심. 숱한 난관 속에서도 개발자들을 버티게 한 건 '끝까지 해보겠다!'는 의지였다. 그리고 마침내 설계부터 제작, 시험평가, 생산, 조립 모두 우리의 기술로 만든 전투기가 탄생했다.

공중과 땅, 바다의 표적을 정밀 타격할 수 있는 'AESA 레이더', 가시거리 밖 항공기나 미사일로부터 방출되는 적외선 신호를 탐지·추적하는 'IRST', 주야간 표적을 추적하는 'EO TGP', 적의 신호를 탐지·방해 및 교란하는 'EW SUITE'. 국산 4.5세대 초음속 전투기 'KF-21 보라매' 시제 1호기는 4대 핵심 기술을 모두 장착하고 있다.

한때 우리나라의 공군 전력은 무장 능력이 없는 연락기 20대가 전부였다. 이제는 4.5세대급 전투기 개발 기술을 보유한 여덟 번째 국가가 되었다. 모두가 불가능하다고 말했지만, '무모한 도전'에 뛰어들어 불가능을 가능으로 만든 그들이 있었기에 가능한 이야기다. 인류가 지나온 역사는 모두 도전의 발자취다.

그들이 우주를 향한 도전의 두려움을 이겨낸 이유

2021년 4월, 경남 사천 한국항공우주산업KAI, Korea Aerospace Institute 생산 공장에서 열린 KF-21 시제 1호기 출고식. 그동안 'KF-X'로 불렸던 이 전투기는 이날 '실험'을 의미하는 'X(eXperimental)'를 떼어내고 'KF-21(별칭 보라매)'이라는 이름을 얻었다. 그런데 이날의 주인공은 전투기가 아닌 20명의 개발진이었다.

'KF-21'의 설계와 제작을 담당한 KAI 직원들, 방사청 직원들, AESA 레이더 개발을 담당한 국방과학연구소 연구원들과 첨단 항전장비 개발을 주도한 민간기업 연구원들까지…. 이들의 열정이 없었다면 불가능은 '가능'이 될 수 없었다. 정치인과 대통령, 국방 연구기관과 정부출연 연구기관마저 등을 돌리는 등 숱한 좌절을 이겨낸 개발진은 미국이 이전을 거부한 핵심 기술들도 결국 완성해냈다.

"제발 주 52시간 근무제 좀 풀어주세요." 국산 전투기를 향한 개발진의 간절한 마음은 시대를 역행하는 요구로 나타났고, 연구소의 불은 한밤중에도 꺼지지 않았다. 이러한 고군분투는 어떤 결과를 내었을까? 개발을 공언한 지 20년 만에 그토록 간절했던 '1대'의 전투기를 세상에 선보일 수 있었다.

물론 이들의 도전은 이제 다시 시작이다. 앞으로 더 고난도의 여정이 기다리고 있기 때문이다. 시제 1호기를 비롯해 2022년 상반기까지 총 8대의 시제기가 제작되는데, 이후에도 갈 길이 멀다. 먼저 지상에서 내구력 테스트를 통과한 후에야 시험비행이 가능하다. 방사청과 KAI는 2026년까지 총 2,200여 차례 시험비행을 할 예정이다. 이 과정까지 무사히 마무리해야 비로소 2026년부터 양산이 가능해진다.

'불가능하다', '무모하다' 모두가 고개를 저을 때, 끝까지 포기하지 않고 연구개발에 매달린 이들의 도전이 없었다면, 우리는 아직도 국산 전투기를 갖지 못했을 것이다. 이 과정은 우주를 향한 우리의 여정과 다를 바 없다.

1969년 7월 20일 오후 8시 17분. 아폴로 11호의 달 착륙선 이글호가 달 적도 부근 '고요의 바다'라 불리는 얕은 분화구에 착륙했다. 그런데 아폴로 11호가 달 착륙에 성공했다는 것은 아폴로 1호부터 10호까지의 도전이 있었음을 의미한다. 달 착륙은 무수한 기술적 실패의 축적이 낳은 결실인 것이다.

유인 달 탐사 이전, 미국은 1958년부터 무인 달 탐사 프로그램인 '파이어니어'와 '레인저'를 가동했다. 그리고 1964년까지 열다섯 차례나 실패했다. 실패의 역사는 이어졌다. 1967년 1월 아폴로 1호(Apollo 1, AS-204)는 발사에 앞서 시험 도중 화재가 발생해 3명의 비행사가 모두 사망했다.

NASA는 이 사고가 아폴로 계획의 첫 유인 비행을 위한 지상 훈련 중 일어난 실패라는 이유로, AS-204를 아폴로 1호로 명명했다. 이후 아폴로 2호와 3호는 없었다. 1967년 새턴 로켓에 실려 발사된 아폴로 4호부터 '아폴로 프로젝트'는 시작되었다.

이토록 지난한 과정을 거쳐서 드디어 '뉴 스페이스 시대'가 열렸다. 이는 과학기술의 놀라운 발달을 가능케 한 연구진과 비행사들의 헌신과 소명에 힘입은 것이다. 단 몇 시간의 짧은 우주여행을 위해 얼마나 숱한 실패와 시행착오, 위기의 순간을 넘겨야 했으며 때로는 숭고한 죽음의 대가까지 치러야 했던가.

NASA가 인간을 달로 보낸 아폴로 계획은 인류사에서 가장 위험한 프로젝트였다. 특히 우주탐사에 나섰던 비행사들은 동료가 탄 우주선이 눈앞에서 폭발하는 것을 보고도 묵묵히 임무를 수행해야 했다. 아폴로 1호에서 사라진 세 우주인의 이름은 거스 그리섬, 에드워드 화이트, 로저 채피다. 이들의 담대한 도전으로 인류는 우주에 한 발 더 다가서게 되었다.

참고 자료

「[삶과 추억] 달 착륙 계산한 수학 천재, 별로 떠났다」, 《중앙일보》, 2020년 2월 26일 | 「'히든 피겨스' 캐서린 존슨 별세… "우주 가는 길 열고 떠났다"」, 《지디넷코리아》, 2020년 2월 25일 | 「[유용원의 밀리터리 시크릿] 94세 전직 공군총장까지 참석한 KF-21 출고식」, 《조선일보》, 2021년 4월 13일 | 「KF-X 시제기 출고 임박… 결사반대했던 그때 그 사람들」, 《뉴시스》, 2021년 4월 6일 | 「1월 27일 아폴로 1호가 폭발한 날」, 《한국일보》, 2021년 1월 26일 | 리처드 와이즈먼, 『우리는 달에 가기로 했다』, 박선령 옮김, 리더스북, 2020년 | 강진원·노형일, 『우주의 문은 그냥 열리지 않았다』, 렛츠북, 2019년

진화하는 인간,
지구에서
새로운 꿈을 꾸다

지나온 미래의 꿈

'100년 전에 살던 사람들은 100년 후의 세상을 어떻게
상상했을까?'
문학예술 전문 온라인 매체인《퍼블릭 도메인 리뷰》는
19세기 말에서 20세기 초반, 프랑스 미술가들이
서기 2000년의 세상을 상상해 묘사한 그림들을 공개했다.
이 그림들은 애초 담뱃갑에 넣는 그림카드로 제작됐으나
나중에는 우편엽서로도 만들어졌다.

달걀을 집어넣으면 병아리가 되어 나오는 '자동 부화 기계'와
버튼 하나만 누르면 알아서 수확되는 '자동 밀 수확 기계' 그림.

급격하게 줄어드는 농업인구로 사람 대신 기계의 도움이
절실해진 농촌의 미래 풍경을 상상한 것이다.

여성의 사회 진출이 늘어나는 추세에 맞춰 집안의
상상화에는 줄을 잡고 끌기만 하면 바닥이 깨끗해지는
'자동 청소 기계'와 '자동 미용 기계' 등 다양한 가전제품이
자리 잡고 있다.

도심의 풍경은 어떨까? 사람들이 몰려들며 복잡해진 도시와
점차 혼란스러워지는 도로 풍경 속에는 '공중 택시',
고층빌딩의 등장으로 '날개를 달고 사람들을 구하는 소방관',
무역의 급증으로 늦어지는 물류 운송을 보완하기 위해
'비행기를 타고 빠르게 배달하는 우편배달부', 도시로 떠나며
뿔뿔이 흩어진 가족들과 전화를 하면 '상대방의 모습이
거울에 비춰지는 화상통화' 등이 눈에 띈다.

그로부터 100년 후인 2000년대, 이 상상화 속 이야기는
대부분 현실이 되었다. 이제 인류는 일상의 대부분을
자동화된 기계와 인터넷에 의지하고 있다. 우주여행을
시작했고 화성으로의 이주도 허황된 꿈이 아니다.

하지만 아직 이루지 못한 상상이 있다.

"서기 2000년이 되면 과학과 기술이 인간을 행복하게 해주는
이상사회가 이루어질 것이라고 기대했다."

—크리스토프 칸토: 오딜 팔리우의 『인간은 미래를 어떻게 상상해왔는가』 중

우리는 달에 착륙하지 않았다

"우리는 10년 안에 사람을 달에 보낼 것입니다. 쉬운 일이어서
하는 것이 아닙니다. 어렵기 때문에 하려는 것입니다."
— 존 F. 케네디 전 미국 대통령의 1962년 연설 중

하지만 아폴로 1호는 훈련 도중 우주비행사가 사망했고,
아폴로 5호는 로켓이 추락했으며, 아폴로 6호는 로켓 엔진에
이상 증상이 생겼다.

"왜 달에 가는가?", "너무 무모하고 불가능한 도전이다!"
쏟아지는 비판에 아폴로 계획이 무산될 위기에 처하자

지구 궤도 비행을 준비하던 아폴로팀에 급작스럽게
'16주 뒤에 바로 달 궤도로 떠나라!'라는 임무가 주어진다.

하지만 아직 완성되지 않은 달 착륙선. 사람이 탈 수 있는
공간은 오직 사령선뿐이고 사고가 나도 대피할 공간이
없는 위험천만한 계획이었다. 하지만 선뜻 도전에 나선
우주비행사들. "여기서 멈출 수는 없어요. 우리의 여정은
계속되어야 합니다."

발생 가능한 모든 문제 상황에 반사적으로 반응하기 위한
강도 높은 훈련을 반복하고, 누구도 성공할 거라 확신할 수
없었지만 최선을 다해 모든 대비를 마친다.
예정대로 1968년 12월 21일, 발사.

인류 최초로 달 궤도에 오른 아폴로 8호 우주비행사 프랭크
보먼 Frank Borman, 제임스 러벌 James Lovell, 윌리엄 앤더스 William
Anders. 하지만 그들은 달에 착륙하지 않았다. 달 착륙선
없이 떠나온 아폴로 8호의 임무는 언젠가 달에 도착할 다른
우주선을 위해 착륙 예상 지점의 사진을 찍고 조사하는
것이었다.

"우주선 뒤쪽으로 향해 있던 창문에 정말로 달이
나타났어요."
달의 궤도를 계속 돌면서 주어진 임무를 수행하던 그때,
저 멀리 차가운 달의 평원 위로 둥실 떠오른 창백한 푸른
지구. 거칠고 황폐한 땅과 찬란하고 연약한 세상이 나란히
놓인 풍경. 달에 착륙해서 하늘을 봤다면 절대 볼 수 없었을
지구돋이Earthrise 풍경을 최초로 본 것이다.

윌리엄 앤더스가 찍은 '지구돋이'는 아름다운 지구를
지키자는 환경운동의 시발점이 된다. "우리의 가장 중요한
발견은 '기록'이나 '최초'라는 수식어가 붙는 과학기술적
성과를 훨씬 뛰어넘습니다. 우리는 달을 탐험하러 갔지만
오히려 지구를 발견했기 때문입니다."

지난 2018년 아폴로 8호의 달 탐사 50주년을 맞아
국제천문연맹은 달 분화구 두 개에 '앤더스의 지구돋이',
'아폴로 8호의 귀환'이라는 이름을 붙였다.

우리는 달을
탐험하러 갔지만
오히려 지구를
발견했습니다.

2092년, 꿈꾸는 모든 일이 현실이 될까?

"달, 화성, 금성으로 여행하는 것은 1977년쯤이면 흔한 일이 될 것이다."
— H. G. 웰스의 『처음으로 달에 간 사나이』 중

"의사소통이 전화와 같은 소리뿐만 아니라 보는 것으로 발전할 것입니다. 화면에는 의사소통하는 사람의 얼굴뿐만 아니라 여러 가지 문서, 사진 등의 정보가 같이 표시될 것입니다."
— 아이작 아시모프의 1964년 인터뷰 중

지난 한 세기 동안 인류는 놀라운 변화를 겪어왔다. 우스꽝스러운 이야기쯤으로 치부되던 '미래 예측'은 하나둘 현실이 되었다. 1900년 무렵 프랑스 담뱃값에 그려진 미래 상상화와 SF소설의 거장들이 예언했던 미래의 모습은 거의 대부분 2021년을 사는 우리의 세상이 되었다.

여러 차례의 산업혁명을 거치면서 등장한 발명품들부터 AI, 사물인터넷, 로봇 등 4차 산업혁명에 이르기까지 첨단기술의 발전은 인류의 무한한 가능성을 더욱 확장시키는 중이다. 우주산업은 민간기업의 우주개발이 본격화되면서 전 세계의 각축장이 되었다. 1968년 아폴로 8호가 인류 최초로 달 궤도에 오르면서 지구돋이를 보여준 후, 53년 만에 우주비행사 없이 민간 우주여행에도 성공했다.

100년 전에 100년 후인 지금의 모습을 상상했다면, 2021년에 상상해보는 2092년의 미래는 어떤 모습일까? 집, 회사, 도시 그리고 우주는 어떤 모습을 하고 있으려나? 영화 속 이야기처럼 인공지능을 갖춘 로봇이 또 하나의 가족이 되고, 인간의 뇌와 컴퓨터가 연결되고, 지구는 황폐화되어 우주에 새로운 거주지가 생길 수도 있다. 물론 전혀 다를 수도 있고.

미래는 디스토피아일까, 아니면 우주를 개척하며 눈부신 기술 발전을 이루어낸 유토피아일까? 어느 쪽으로도 예단할 수는 없지만, 분명한 것은 과학기술의 발전은 놀랍도록 진화해나갈 것이라는 점이다.

SF 영화 속 미래에서도 최첨단 기술은 상상을 현실로 만들어낸다. 서로 다른 인종과 로봇이 등장하지만 의사소통에 문제가 없다. 만능 통역기가 있기 때문이다. 인공신경망을 활용한 신경기계번역NMT 기술이 발전을 거듭해 전 세계인, 심지어 외계인과도 대화가 가능해질지 모른다.

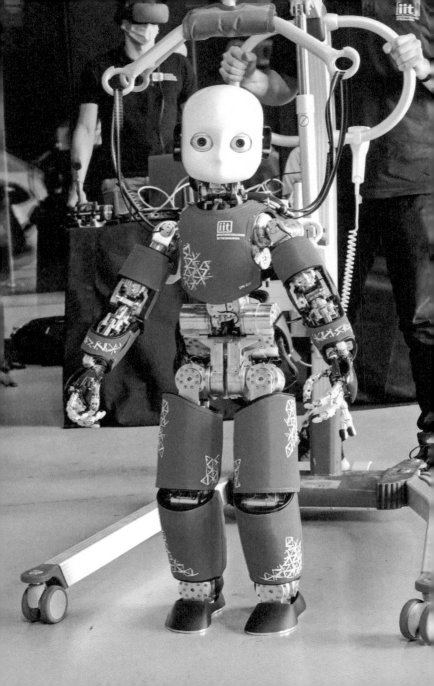

또한 미래의 로봇은 기능적인 산업용 로봇이 아닌 사람과 상호작용하는 휴머노이드 로봇이 보편화된다. 사람과 비슷한 피부까지 갖추고 아주 작은 물체도 쉽게 잡을 수 있는 인공손을 가진 지능형 감정 로봇은 인류의 새로운 일원이 될 것이다.

「스마트싱스 미래 생활 리포트」에 따르면, 수중도시와 화성도시가 건설될 전망이다. 아울러 가상현실, 3D프린터, 의료기술 등이 획기적으로 발전해 인류의 삶에도 큰 변화가 온다. 우주는 우주 광물 사업 등을 비롯해 전 세계 기업들의 비즈니스 무대가 되고, 관광과 엔터테인먼트 활동의 새로운 장이 된다. 그래픽이 아닌 실제 우주를 배경으로 한 TV 프로그램이 방영되고, 영화의 단골 배경이 되는 것도 이제 상상 속의 일이 아니다.

100년 뒤 미래는 과거와 마찬가지로 과학과 기술이 인류 문명의 핵심 요소가 될 것이다. 하지만 가장 중요한 것은 인간 본연의 삶이고 인간 사이의 관계와 질서다. 100여 년 전에 인류는 2000년이 되면 과학과 기술이 인간을 행복하게 해줄 것이라고 기대했다. 과연 지금 우리의 삶은 기술의 진보와 비례해 행복한가? 그리고 2092년의 미래 인류의 삶은 어떨까?

참고 자료

「오래된 미래, 100년 전에 그린 '응답하라 2000년'」, 《한겨레》, 2015년 12월 4일 ┃ 「50년 전 오늘… '떠오르는 지구'를 보다」, 《한겨레》, 2018년 12월 24일 ┃ 크리스토프 칸토·오딜 팔리우, 『인간은 미래를 어떻게 상상해왔는가』, 김승욱 옮김, 자작나무, 1997년 ┃ 제프리 클루거, 『인류의 가장 위대한 모험 아폴로 8』, 제효영 옮김, RHK, 2018년 ┃ 「100년 뒤 집도 음식도 3D프린팅으로 인쇄」, 《한겨레》, 2016년 3월 7일

우주여행의
순례자들이 남긴
메시지

갈릴레오의 위성

"지구는 태양을 중심으로 돈다."

— 코페르니쿠스Nicolaus Copernicus의 『천체의 회전에 관하여』 중

코페르니쿠스의 지동설은 획기적인 주장이었으나 충분한
수학적 설명이 없었고, '우주의 중심은 지구'라는 천동설을
신봉하던 교회 권위에 묻혔다. 그가 세상을 떠난 지
66년 후 아주 특별한 물건이 개발되었다. 그것은 바로 망원경.
갈릴레오 갈릴레이는 2배율 확대 망원경을 30배율
확대 망원경으로 만들었고, 망원경으로 천체를 관측한
최초의 과학자가 되었다.

"뭔가 있어. 일직선으로 빛이 있어. 빛이 셋,
아니 하나가 더 있네."
꼬박 한 달째 망원경으로 하늘을 살펴보던 한 남자는
목성 주변을 돌고 있는 4개의 천체를 발견한다.

"이전에 한 번도 보지 못했고, 이미 알려진 옛 별들보다
100여 배나 많은 별들을 나는 보았다."
— 갈릴레오의 『별세계의 전령』 중

매끈한 원형이라 믿었던 천체들은 망원경으로 보니 달랐다.
달은 산도 있고 계곡도 있었으며, 태양에는 시커먼 흑점이
있었다. 그리고 달이 지구를 공전하듯 4개의 위성이 목성을
중심으로 돌고 있었다. 목성의 위성은 망원경으로 발견된
최초의 천체다. 이는 태양계에서 지구를 중심으로 돌지 않는
천체가 있다는 결정적인 증거로, 코페르니쿠스의 지동설을
증명해낸 것이다.

네덜란드 천문학자 마리우스는 갈릴레오가 목성의 위성을
발견한 사실을 모른 채 목성 위성에 제우스의 연인들인 이오,
칼리스토, 유로파, 가니메데라는 이름을 붙인다.

정작 갈릴레오는 목성의 위성을 '메디치의 별'이라 이름
짓고, 당시 왕가에 맞먹는 권력을 가졌던 메디치가에
헌정했다.

1989년 10월 18일, 우주왕복선 애틀랜티스호를 통해 발사된
목성과 그 위성 탐사선 갈릴레오호는 1995년 12월 목성 궤도
진입 후 2003년 9월에 소멸했다. '메디치의 별'이었던 목성의
위성은 이제 갈릴레오의 위성이 되었다.

우주여행자

"당신에게 주어진 시간은 길어봤자 2년입니다."
스물한 살의 청년 스티븐 호킹에게 내려진 청천벽력 같은
통보. '왜 하필 나에게 이런 일이 일어났을까?' 절망에 빠진
그는 자신의 오랜 질문을 떠올린다.
'우리는 어디에서 왔을까? 왜 여기에 있는 걸까?'

그에게 유일하게 빛이 되어준 것은 밤하늘이었다. 천문학과
물리학으로 희망을 갖게 된 그는 우주의 깊은 속을 알기 위해
'작은 점'에 주목한다. 무한히 작고 밀도가 높은 블랙홀의
'특이점 Singularity'.

호킹 박사는 블랙홀 중심의 밀도가 무한대인 점을
우주 전체에 적용해서, 우주가 팽창하고 있고 일반상대성
이론이 '참'이라면, 이 우주 전체가 하나의 특이점에서
탄생해야 한다는 이론을 수학적으로 증명해냈다.

"우주가 팽창하고 있다면 그 시작은 아주 작은
점이었을 것이다."
별의 죽음 한가운데에서 발견한 우주의 시작. 그리고 아주
작은 대상과 아주 큰 대상을 다루는 이론을 결합해서
블랙홀에 대해 새로운 지식들을 밝혀냈다.

'블랙홀은 검다, 아니다, 완전히 검지 않다', '블랙홀은 모든
물질을 빨아들인다, 아니다, 블랙홀에서 미세한 물질이
흘러나올 수 있다', '블랙홀은 차츰 줄어들다가 마침내는
폭발하여 증발한다'는 등 의견이 분분했다. 기존의 상식을
뒤집는 '블랙홀 증발 이론'(1975년) 발표에 학계는 강력하게
반발한다. 그러나 호킹 박사는 수많은 논쟁 끝에
전 세계 물리학자들에게 인정받는다.

"내가 움직일 수 없다고 해도 마음속에서 나는 자유롭다."

가장 좁은 공간에서 누구보다 큰 자유를 누렸던 우주여행자,
고故 스티븐 호킹. 2018년 3월 세상을 떠난 그는 루게릭병
진단 후 2년밖에 남지 않았다던 삶을 55년간 살아냈다.

"나의 가장 큰 업적은 내가 살아 있다는 것이다."
그가 즐겨 떠난, 어둠이 별이 되고 별이 다시 어둠이 되는
우주. 평생 우주의 시작과 끝을 탐구하던 그는 우주와
그 속에 있는 모든 물질은 경계가 없는 상태에 있고,
나아가 우주의 시작과 끝이 하나로 연결되어 있다는
새로운 가능성을 제시했다.

굳어가는 근육에 몸은 구속되었지만 우주를 향한
영혼만큼은 자유로웠던 과학자. 그는 우주에 대해 끝없는
의문을 품으며 연구에 정진해 블랙홀 증발, 양자우주론 등
현대물리학의 이론들을 정립했다. 나아가 가슴에 우주를
품은 물리학자였다. 별과 인간을 가장 가깝게 만들어준 그가
우리에게 남긴 당부의 말이 있다.

"고개를 들어 별들을 보세요, 제발 당신의 발만 보지 말고….."

스티븐 호킹처럼 우주를 열망해야 하는 이유

"그래도 지구는 돈다."

지구가 태양을 중심으로 돈다는 지동설을 주장해 인류의 우주관을 바꾼 갈릴레오 갈릴레이. 1642년 1월 8일, 세상을 떠난 그는 교황청의 장례식과 묘비 금지령으로 산타크로체 성당의 작은 예배당 구석에 묻혔다. 이후 1737년, 피렌체 출신의 교황 클레멘스 12세가 즉위하면서 갈릴레이의 시신은 제대로 이장된다. 그런데 이때 갈릴레이의 손가락이 사라져버린다. 갈릴레이를 추종한 제자들이 그를 기리기 위해서 벌인 일이었다. 당시 이들이 갈릴레이의 오른쪽 손가락을 가져간 이유는 그것이 망원경을 잡고 하늘을 가리켰던 손가락이었기 때문이다.

이후 거의 300년 동안 종적을 감췄던 갈릴레이의 손가락은 2009년 골동품 수집가에 의해 발견되었다. 살아생전 망원경의 렌즈를 깎고 하늘을 가리키던 그의 손가락은 지구가 세상의 중심이라 믿던 사람들에게 더 거대한 우주가 있음을 알려주며 더 넓은 우주로 인도하고자 했다. 별을 바라보는 새로운 눈과 광활한 우주의 신비를 일깨우고자 했던 갈릴레이. '불경한' 과학자의 발견이 인류에게 우주를 꿈꿀 자유를 주었다.

1942년, 갈릴레오가 세상을 떠난 지 300주년이 되던 해. 스티
븐 호킹은 영국 옥스퍼드에서 태어나, 의사가 내린 시한부 판정
보다 53년을 더 살면서 블랙홀과 우주의 기원에 관한 이론을 정
립해낸다. 그는 세상을 떠나기 2주 전 '다중우주(평행우주)'를 증명
하기 위한 마지막 논문을 제출했다. 이 논문을 통해 우주의 필연
적 멸망을 예측했는데, 기존 별의 노화 속도가 새로운 별이 탄생
하는 속도보다 빨라, 결국 우주는 어둠에 휩싸일 것이라는 전망
이다. 논문의 내용이 입증되기만 한다면 호킹의 가장 뛰어난 업
적으로 남을 것이라는 평가를 받았다.

수백억 년에 걸친 우주의 일생과 달리 인간의 수명은 100년 남
짓에 불과하다. 즉, 우리는 우주에 대해 거의 대부분을 모른 채 생
을 마감하는 것이다. 그럼에도 사람들은 우주를 이해하고, 우주
안에 존재하는 법칙들에 대해 알고자 했다. 그 과정에서 갈릴레
오 갈릴레이와 코페르니쿠스는 목숨을 걸어야 했고, 스티븐 호
킹은 시한부 인생의 대부분을 바쳤다. 이들이 우주와 과학을 대
했던 태도는 오늘날 우리에게 지구 중심적인 삶에서 벗어나 시
야를 넓히라고 권한다. 또한 광대한 우주에서 인간이 아주 작은
존재라는 사실을 기억하는 일의 엄숙함을 일깨워준다.

호킹 박사는 생을 마감하는 순간에도 지구와 우주의 미래를

시한부 판정 후 53년을 더 산 스티븐 호킹 박사는 이렇게 말한다. "고개를 들어 별들을 보세요, 제발 당신의 발만 보지 말고…."

염려했다. "지구온난화가 임계점에 가까워졌다"며 재앙이 발생하기 전에 우주 식민지를 건설해야 한다고 주장했다. 그는 외계인이나 AI의 발명, 통제불능 상태의 컴퓨터 바이러스, 온난화 등 지구촌 현안에 관해 걱정하면서도 인간은 미래의 도전을 결국 극복할 것이라 믿었다.

그러기 위해서는 우주에 대해 끊임없이 공부하고 꿈꾸면서 우주가 보내는 메시지에 주목해야 한다. 광활한 우주를 안다면 그 안의 먼지 같은 존재인 인간에 대해서도 알게 된다. 나아가 스스로의 존재에 대해 겸허해질 수 있다. 그리고 이는 지구가 당면한 문제들을 해결해낼 연대와 소통을 가능케 하는 힘이 되어줄 것이다.

"우리는 우주에 관하여 거의 아무것도 이해하지 못한 채 일상생활을 보내고 있다. 생명을 가능케 하는 햇빛이 발생하는 원인, 우리를 공간에 날려보내지 않고 지구에 붙들어두는 중력, 우리 몸을 구성하는 원자들… 따지고 보면 우리는 이들의 안정성에 의지하고 있다."

— 칼 세이건, 스티븐 호킹의 『시간의 역사』 서문 중

참고 자료

아널드 R. 브로디·데이비드 E. 브로디, 『인류사를 바꾼 위대한 과학』, 김은영 옮김, 글담출판, 2018년 | 스티븐 호킹, 『나, 스티븐 호킹의 역사』, 전대호 옮김, 까치글방, 2013년 | 「故스티븐 호킹, 보름 전 '마지막 논문' 제출… '평행우주' 증거 제시할까」, 《머니투데이》, 2018년 3월 19일 | 「우주를 품은 과학자 스티븐 호킹… 그가 남긴 책 <시간의 역사>, 그리고 영화」, 《조선펍》, 2018년 3월 15일 | 「[사이언스] "그래도 지구는 돈다" 갈릴레이의 손가락이 박물관에 전시된 까닭」, 《비즈한국》, 2021년 9월 27일 | 사샤 세이건, 『우리, 이토록 작은 존재들을 위하여』, 홍한별 옮김, 문학동네, 2021년

그림과 사진 출처

19쪽 https://commons.wikimedia.org/wiki/File:Hubble_Images_of_M100_Before_and_After_Mirror_
Repair_-_GPN-2002-000064.jpg | 66~67쪽 ©Grossinger / Shutterstock.com | 109쪽 https://
ko.wikipedia.org/wiki/누리호_시험발사체 | 125쪽 ©SAVEMEDIACONTENT / Shutterstock.com | 139쪽
https://simple.wikipedia.org/wiki/Robert_H._Goddard | 153쪽 ©Sueddeutsche Zeitung Photo / Alamy
Stock Photo | 155쪽 ©mikeledray / Shutterstock.com | 164쪽 ©David Coll Blanco / Alamy Stock Photo
| 175쪽 ©NASA / Dembinsky Photo Associates / Alamy Stock Photo | 206~207쪽 ©DreamArchitect /
Shutterstock.com | 247쪽 ©stock imagery / Alamy Stock Photo | 254~255쪽 ©Alpha Historica / Alamy
Stock Photo | 263쪽 ©AF archive / Alamy Stock Photo | 276쪽 ©MikeDotta / Shutterstock.com | 288
쪽 ©Trinity Mirror, Mirrorpix / Alamy Stock Photo

* 게재 허락을 받지 못한 사진은 저작권자가 확인되는 대로 허락을 받고 통례에 따라 사용료를 지불하겠습니다.

EBS 지식채널 ⓔ × 우주에게, 우주로부터

1판 1쇄 발행 2021년 12월 30일

지은이 지식채널ⓔ 제작팀
해설 글 이선화

펴낸이 김명중
콘텐츠기획센터장 류재호 | 북&렉처프로젝트팀장 유규오
북팀 박혜숙 여운성 장효순 최재진 | 마케팅 김효정 최은영

책임편집 최서윤 | 디자인 박대성 | 인쇄 형제아트(주)

펴낸곳 한국교육방송공사(EBS)
출판신고 2001년 1월 8일 제2017-000193호
주소 경기도 고양시 일산동구 한류월드로 281 | 대표전화 1588-1580
홈페이지 www.ebs.co.kr

ISBN 978-89-547-6324-0 04300
ISBN 978-89-547-5415-6 (세트)